生きる意味109

後悔のない人生のための
世界の偉人、天才、普通人からのメッセージ

長南瑞生

1万年堂出版

はじめに

あなたは、何のために生きていますか?

何かに困っているわけでもなく、何かが欲しいわけでもない。

幸せだとは思うけど、心からの安心や満足もない。

毎日同じことの繰り返しで過ぎていく。こんなことでいいのだろうか?

お金や財産、地位、名誉は、あればあったほうがいいけど、それが目的で生きているわけではない。

では一体、どこへ向かって生きればいいのだろう?


この「生きる意味」への問いは、シンプルなようでいて、非常に深い問題です。考えれば考えるほど底なしに深く、人類史上、どんな文学者も、心理学者も、哲学者も、いまだ答えられていないといっても過言ではありません。

ところがこの本を開かれたあなたは、もうすぐ、仏教に明らかにされた、この人生の秘密を知り、人生を意味に満ちあふれたものに一変することができます。

同時に、これまで難問とされてきた、

なぜ人の命は尊いのか、
自殺してはいけない理由は何か、
どうすれば後悔のない人生になるのか、

といったこともお分かりいただけることでしょう。

もちろんそれは、お金や財産、地位、名誉などの刹那的な快楽ではありません。

そんなものとは比較にならない、人間に生まれてよかったと大満足できる本当の生きる意味が存在するのです。

ところが、**なぜ生きるのかという問題は、頭がよければ分かるというものではありません。**

二十世紀最大の天才科学者といわれるアインシュタインでさえ、

われわれはいろいろなことをするが、なぜそうするのかは知らない。

(アインシュタイン)*1

と言っているくらいです。

ましてや生きていけばそのうち分かる、ということはありません。放っておいても、ただ時間だけがむなしく過ぎてゆくだけです。

ではなぜ「生きる意味」がそんなに分からないのかというと、自分の本当のすがたが分からないからです。自分の人生がどんなものかも知らずに、その人生の意味が分かるはずがありません。

紀元前のギリシャで
「汝《なんじ》自身を知れ」

といわれて以来、それが大切であるとは知りつつも、人はいまだに自分のすがたを知らず、心からの安心も満足もなく今日まで来てしまいました。

しかしそれでは、ただその時その時やってくる、人生の様々な困難を乗り越えて生きていくだけで、結局、最後まで生きる意味が分からないまま、人生を終わってしまいます。失われた時間は、二度と取り返しがつきません。

そこで、まずこの本では、古今東西の文学者、哲学者、心理学者、科学者、芸術家、政治家、経営者などの偉人や天才たち、あるいは普通の人たちの、一〇九のメッセージを通して、時代を超え、場所を超えて多くの人に共有されている、客観的な人生のすがたを明らかにしていきます。

それによって、あなたがこれまで感じていたことは、みんなも思っていたことだったのか、と安心されることもあると思いますし、中にはびっくりされることもあると思います。いずれにせよ人生とはどんなものなのかが浮き彫りになっていきます。

それは、ひょっとしたら見たくないものかもしれません。しかし、どんなに目を背けていても、人生のすがたが変わるわけではありません。本当の自分のすがたを知らなければ、何をやっても、何を手に入れてもむなしいだけの、後悔の人生に終わってしまいます。

その人類始まって以来、少しも変わらない人生の本質に基づいて、釈迦《しゃか》は、

「人は何のために生きるのか」

という人生最大の難問を、すでに約二千六百年前に解決されています。それは、いつの時代、どこの国でも変わらない、人生の最も大切な問題です。生きる喜びに満ちた、素晴らしい人生を開くカギは、現代ではほとんど誰にも知られていない、全く意外なところにあったのです。

その二千六百年前から仏教に秘められていた人生の核心問題と、その最終解答を、これから七つの章に分けて、ステップ・バイ・ステップで体系的に明らかにしていきます。

一度きりの人生、決して悔いのないよう、ぜひ本当の「生きる意味」を知り、人間に生まれてよかったという生きる喜びいっぱいの人生を送っていただきたいと思います。

平成二十六年九月

長南　瑞生

生きる意味109

もくじ

1章 あなたは今、幸せですか?

2章 私たちは、一体、何のために生きているのか

3章 生きる意味について、よくある七つの間違い

4章 「生きる意味」は、一流の文学者、心理学者、哲学者でも分からない

6章 「幸せに二つある」ことを知らないから、どんなに努力しても幸福になれない

7章 どんな人でも、生死の一大事を解決すれば、「絶対の幸福」になれる

1章

あなたは今、幸せですか？

「幸せなんだけど、何かむなしい」「何かが足りない……」という心はどこから？

あなたは今、幸せですか？
もちろん不幸ではないと思います。
幸せなんだけど、やっぱり何かむなしい。
何が足りないのか分からないんだけど、何かが足りない。

心から満足ができないというのが、正直なところではないでしょうか。
満足できないどころか、自分は不幸の星のもとに生まれたのかもしれないと思っている人も、中にはあるかもしれません。ところが、あなたが日本人であるとすれば、世界的には、最も恵まれた環境にあるはずなのです。

『世界がもし100人の村だったら』という本には、世界の人口を百人に縮めて、世界の人々の暮らしの様子が分かりやすく描かれています。

村に住む人びとの100人のうち
20人は栄養がじゅうぶんではなく
1人は死にそうなほどです
でも15人は太り過ぎです

75人は食べ物の蓄えがあり
雨露をしのぐところがあります
でも、あとの25人はそうではありません
17人は、きれいで安全な水を飲めません

銀行に預金があり
財布にお金があり

家のどこかに小銭が転がっている人は
いちばん豊かな８人のうちの１人です

村人のうち
１人が大学の教育を受け
２人がコンピューターをもっています
けれど、
14人は文字が読めません

（『世界がもし１００人の村だったら』）*2

あなたも、銀行に口座があり、財布にお金があるのではないでしょうか？

ほとんどの人がパソコンを持っています。現在の日本では、大学に行きたければ、奨学金もありますし、工夫すれば手段はいろいろあると思います。まさか雨露をしのぐ場所がないこともないでしょう。

このように、日本は世界的な平均から見れば、大変恵まれた国なのです。そんな豊かな生活を目指して、これまで経済発展に努力してきたはずです。大変な努力によって、経済大国となったのに、**どうして、こんなに恵まれた日本で、心からの安心や満足ができないのでしょうか？**　普段は、恵まれていることさえ忘れてしまっている状態です。

「高収入は、幸福感と関係ない」
驚くべき発見をしたアメリカの経済学者

経済が豊かになっても、生活満足度は上がらない。

それが、「幸福のパラドックス」です。上がらないどころか、個人で見れば、ある程度以上は下がってしまうのです。


人類はその歴史上、何万年もの間、食べ物がじゅうぶんにない、貧しい時代を生きてきました。それがようやく二百年前、十八世紀の産業革命から少しずつ豊かになり始め、二十世紀の経済成長を通じて、豊かさが多くの人にあふれました。

ところが、そうなって初めて、お金や物があっても幸せにはなれないのではないかと、多くの人が気づき始めたのです。

一九七四年、経済学者として最初に幸福の研究を手がけた、アメリカのリチャード・イースタリンは「高収入は幸福感と関係ない」という、驚くべき事実を発表しました。これが「幸福のパラドックス」といわれ、いまだに解決されていない問題です。

日本は、経済が六倍も豊かになったのに、なぜ、「生活満足度」が変わらないのか

日本でも、一九六〇年からの約五十年間で、経済的な豊かさを表す一人当たりの実質GDPは六倍になりましたが、生活満足度はほとんど変わりませんでした。

内閣府が発表した一九八〇年以降のグラフでは、生活満足度が下がっているようにさえ見えます。

戦後、焼け野原から立ち上がり、一九六〇年代には、所得倍増計画で高度経済成長を遂げた日本の復興は、世界にも例を見ないものでした。

アメリカが増え続ける冷戦の軍事費に苦しんでいるうちに、いつの間にか経済大国にな

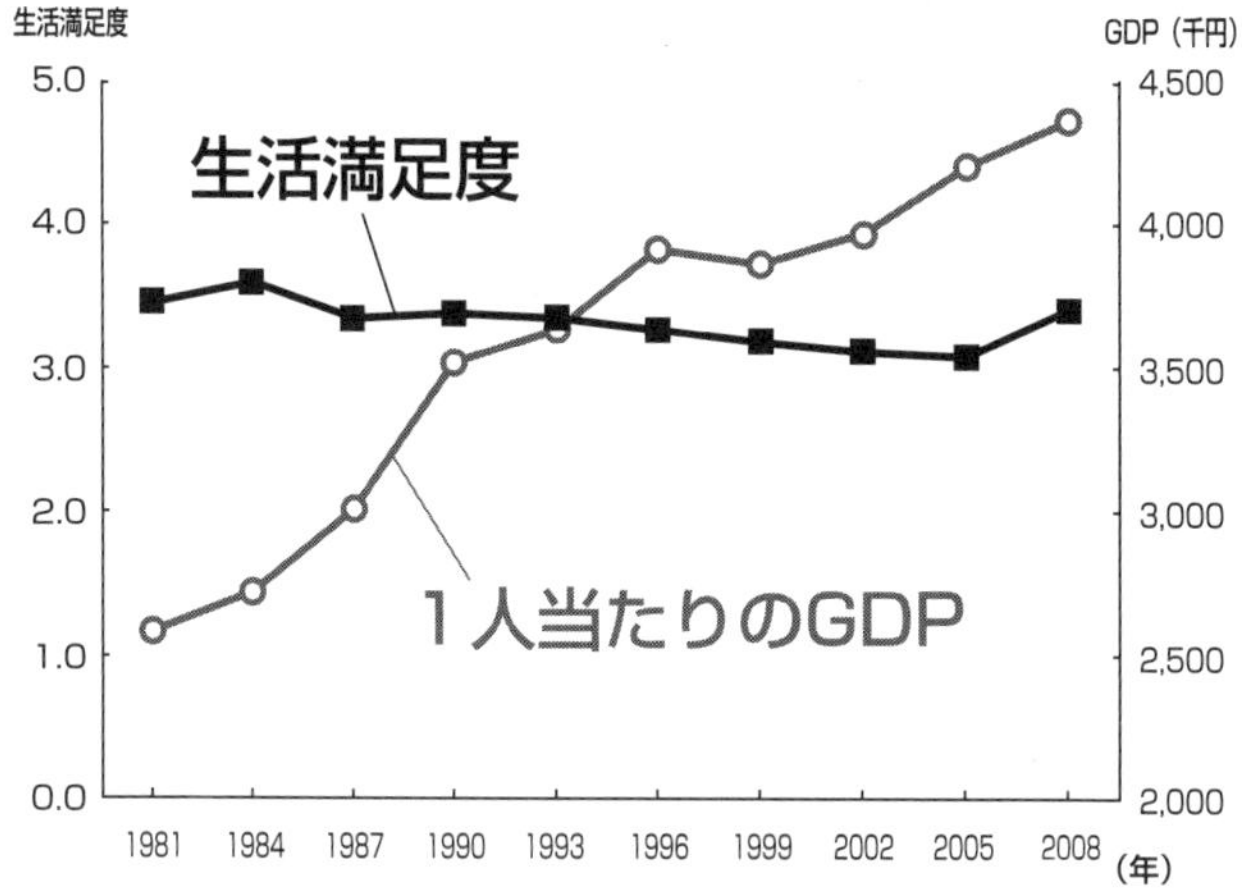

1人当たり実質GDPと生活満足度の移り変わり
内閣府「平成20年度国民生活選好度調査結果の概要」より

っていた日本は、「ジャパン・アズ・ナンバーワン」とアメリカ人から驚かれ、一九八九年に冷戦が終わると、「冷戦が終わった。そして勝ったのは日本だった」と言われました。

このような急成長は、当然ながら、遊んでいてできるものではありません。毎日毎日、朝から晩まで働いたのです。「経済的に豊かになれば幸せになれる」と、過労死するほど働き、世界中からエコノミックアニマルとたたかれながら、一生懸命頑張ってきた努力のたまものです。

そうやって何十年も頑張ってきたのに、生活満足度が少しも変わらなかったら……。これでは一体何のために、そんなに苦労して働いてきたのか分かりません。

衝撃の研究報告

「年収七百万円を超えると、幸福度は下がっていく」

これは個人でも同じことがいえます。

日本では、年収七百万円までは幸福度が上がっていくのですが、その後は下がるという研究結果が報告されています。ある程度の衣食住が満たされると、それ以上どんなに働いても、幸福度は上がらず、むしろ下がることさえあるのです。

「楽は下にあり」といわれるように、仕事で結果を出し、収入を増やすのは大変なことですから、必要以上の高収入をキープし続けるのも、だんだん疲れてくるのかもしれません。

金持ち父さんも言っています。

晩年になって、自分でも夢にも思わなかったほどの金持ちになっていた金持ち父さんは、何度もこう言った。

「お金はきみを幸せにはしない。金持ちになったら幸せになれるなどと決して考えるな」（『金持ち父さんの子供はみんな天才』）[3]

一生懸命働いて、収入が増えるということは、それだけ社会に貢献して、多くの人に喜ばれているはずなのに、幸福度は下がってしまう……。
もしどんなに頑張っても、人生の努力が報われないとすれば、一体何のために、どこへ向かって生きればいいのでしょうか？

お金、財産、名誉、地位……有っても無くても、苦しんでいることに変わりはない

このように、お金や財産、その他のものが、有っても無くても、心からの満足はできないことを、釈迦《しゃか》は、約二千六百年前から、「有無同然《うむどうぜん》」と説かれています。

尊《そん》と無《な》く卑《ひ》と無《な》く、貧《ひん》と無《な》く富《ふ》と無《な》く、少長《しょうちょう》・男女共《なんにょとも》に銭財《せんざい》を憂《うれ》う。
有無《うむ》同《おな》じく然《しか》り。憂《う》き思《おも》い適《まさ》に等《ひと》し。

田《た》有《あ》れば田《た》を憂《うれ》え、宅《たく》有《あ》れば宅《たく》を憂《うれ》う。牛馬《ごめ》・六畜《ろくちく》・奴婢《ぬび》・銭財《せんざい》・衣食《えじき》・什物《じゅうもつ》、また共《とも》にこれを憂《うれ》う。（大無量寿経）

「尊《そん》と無《な》く卑《ひ》と無《な》く、貧《ひん》と無《な》く富《ふ》と無《な》く」とは、尊敬されている人も、見下されている人も、貧しい人も、お金に不自由のない人も、ということです。

「少長《しょうちょう》・男女《なんにょ》共《とも》に銭財《せんざい》を憂《うれ》う」とは、若い人も、年上の人も、男も女も、みんなお金のことで悩んでいるということです。

「お金に不自由がなくても、お金のことで悩むの？」と思われるかもしれませんが、お金があればあるほど、税金の問題や、失う心配が出てきます。

『普通の人がこうして億万長者になった』という本には、実際にお金を持った人の本音が出ています。

お金だけで幸せになれるものではなく、お金自体は、むしろ不幸を招くものかもしれません。（弁理士）

「お金」「成功」も目的ではない。一つのことに成功しても、何事かにまた挑戦したくなる。

（証券会社　会社員）

「高収入＝成功」ではない。時間（特に家族との）、人間性の一部（労使の確執などで）など、失うものが大きい。細々とやっていた頃の方が、幸福感が大きかった。できれば戻りたいと家族すべてが思っている。

（病院理事長、医師）

お金はパワーが形になった物と思っているので、自分がそれに見合わなければ、かえってお金に潰されると思う。

（医師）

株式公開したらセールスの電話がやたらと自宅にかかってくるようになった。有名になるのも良し悪しだと思った。

（不動産会社　社長）

高額納税者名簿に載った次の年、いやがらせの電話がかかってきた。寄付やセー

ルスの電話も多くなり、警備会社と契約した。（保険セールス　自営業）
（『普通の人がこうして億万長者になった』本田健*4）

どんなにお金がある人でも、やはりお金のことが悩みになるのです。

「有無《うむ》同《おな》じく然《しか》り」とは、お金や財産、地位、名誉など、有っても無くても、満たされないことには変わりがない、「有無同然《うむどうぜん》」だ、ということです。

「憂《う》き思《おも》い適《まさ》に等《ひと》し」とは、何に苦しむかは人それぞれですが、何かしら苦しんでいること自体は同じということです。

「田有《たあ》れば田《た》を憂《うれ》え、宅有《たくあ》れば宅《たく》を憂《うれ》う」

田畑やマイホームがない人は、「自分が苦しんでいるのは、家や土地がないからだ」と苦しんでいます。ところが、頑張ってマイホームや土地を手に入れると、管理や維持、税金など、現実問題が次々と襲いかかってきます。

結局、田畑や土地がある人は、田畑や土地があることに苦しみ、マイホームがある人は、マイホームがあることに苦しむことになってしまうのです。

「牛馬《ごめ》・六畜《ろくちく》・奴婢《ぬび》・銭財《せんざい》・衣食《えじき》・什物《じゅうもつ》、また共《とも》にこれを憂《うれ》う」

「牛馬《ごめ》」とは牛や馬。当時は車も電車もないので、今なら高級車のようなものかもしれません。無い人は、高級車にあこがれますが、有る人は、維持費がかかるのはもちろん、スーパーで隣の車に近すぎるとドアを開けたら傷がつくのではないかとか、窃盗グループに盗まれたりしないかという、今までなかった不安が起きてきます。

「六畜《ろくちく》」とは牛や馬に、羊、犬、豚や鶏を加えた六種の家畜です。工業もサービス業も発達していない当時、畜産は重要な産業です。貴重な財産だったことでしょう。

ところが、動物をたくさん飼っていると、毎日の世話が大変ですし、においもします。疫病がはやって強制処分せざるをえなくなってしまったら、大変なショックを受けることでしょう。

「奴婢《ぬび》」の「奴《ぬ》」は男のお手伝いさん。今でいえば、執事や運転手のようなものです。「婢《び》」は女のお手伝いさん。現在の家政婦さんのようなものです。「そんな忠実なお手伝いさんがいたらいいのに」と思いますが、実際には人間ですので、気を遣《つか》ったり、いろいろ問題が起きてきたりして大変です。

「銭財《せんざい》」はお金です。「金持ちほど塀が高い」といわれますが、お金があると、今までなかった心配が起きてきます。億万長者の心配は、私のような庶民には実感がわかないところがありますが、例えば三十万円の現金で財布をぱんぱんにして、東京の満員電車に乗ったらどうでしょうか。「誰かに盗まれるのではなかろうか」と、お金を持っていない時にはなかった不安が出てきます。

「衣食《えじき》」は衣服や食事、**「什物《じゅうもつ》」**は、家具や調度類のことですから、衣食住です。衣食住がそろわなければ、大変苦しいのですが、好きな物を食べ、高級ブランドに身を包み、いい暮らしができても、裏では維持や管理にお金と時間がかかり、今までなかった煩わしさが出てくるのです。

生活水準が高まったからこそ、「生きる意味」を求める時代に入った

このように釈迦《しゃか》は、今日ほど科学や経済が発展していなかった二千六百年前の当時、すでに**「有無同然《うむどうぜん》」**であることを教えられているのです。

みんな、お金や財産、地位や名誉を手に入れるために、頑張って生きているのですが、それらが「有無同然《うむどうぜん》」だとすれば、努力は徒労に終わってしまいます。

では一体、何のために生きればいいのでしょうか？

もしあなたが、この「有無同然《うむどうぜん》」の苦しみがよく分かるとすれば、それは、今まで人一倍努力をしてこられ、何かを手に入れておられるからでしょう。

もし、食べるものも食べられず、貧しい暮らしをしていたら、「有無同然《うむどうぜん》」とはなかなか思えないものです。

ナチスの強制収容所を経験したオーストリアの心理学者フランクルも、

まずは生活するための満足水準を達成しなければならない。それが満たされて初めて、(アメリカの学生たちのように)人生の意味や目的を見出《みいだ》すという課題へ向かっていくのであろう。
(ヴィクトール・フランクル)＊5

と言っているように、生きていくのに必要なものがそろって初めて、「では何のために生きるの?」という重要な問題に目が向くのです。

現在の日本は成長期を終え、成熟期に入っているといわれます。すでに経済的に豊かになっているからこそ、お金では幸せになれないことに多くの人が気づき始めています。生活水準が高まり、生活に不足するものがなくなった今こそ、

「何のために生まれてきたのか」

という本当の生きる意味を、多くの人が求める時代に入ってきたのです。**これまでと同じ努力を続けるだけでは、もはや幸せはありません。**

では、どれだけ頑張っても「有無同然《うむどうぜん》」で、どこにも幸せはないとすれば、この先、一体どこへ向かって生きていけばいいのでしょうか?

あなたは経験から知っているはずである。放浪の果てのどこにも、よい人生は見つからなかったことを――それは論理のなかにも、富のなかにも、栄光のなかにも、道楽のなかにもない。つまり、どこにもないのである。

（ローマ皇帝　マルクス・アウレリウス）[*6]

1章まとめ

- 日本人は世界的に見れば、かなり恵まれています。しかし実際は、それほど幸福感を感じているわけではありません。
- 高収入が幸福感につながらない「幸福のパラドックス」が、二十世紀アメリカの経済学者から問題提起されました。
- しかし仏教では、二千六百年前から「お金や物が有っても無くても、苦しみ悩みは変わりがない（有無同然）」と説かれています。
- 経済が繁栄し、生活に不足がなくなった今こそ、「生きる意味」の大切さが明確になってくるのです。

2章

私たちは、一体、何のために生きているのか

「生きる意味」とは、生まれてから死ぬまでにこれ一つ果たせば大満足といえるもの

私たちは、一体、何のために生きているのでしょうか？

それを解明するためには、まず「生きる意味」とは、どんなものかが分からなければ、始まりません。そもそも「生きる意味」とか「生きる目的」とは、どんなことをいうのでしょうか？

この本で「生きる意味」というのは、

「私たちは、何のために生まれてきたのか」

「何のために生きているのか」

「なぜ生きなければならないのか」

ということです。

あなたが生まれてから死ぬまでに、一体、何をすれば「人間に生まれてよかった」と大満足できるのか、ということです。

これは、「生きる目的」ともいえます。


例えば、レストランに入ったのは、食事をするのが目的です。他にも、マンガを読んだり、テレビを見たり、友達としゃべったり、パソコンで作業したり、いろいろなことができますが、「レストラン」ですから食事をせずに帰ったら、入った意味がありません。逆に、目的である食事が終われば、いつ出ても大丈夫です。

もし、レストランで食事が終わった後、パソコンを開いていたら、店の人から、

「昼時で混んできましたので、申し訳ございませんが……」

と言われれば、「あ、すみません」と出ていくことができます。


ところが、目的である食事が済んでいないのに、

「申し訳ございませんが、混んできましたので出ていただけないでしょうか」

と言われたら、「は？　まだ食事が来ていないのに……？」と疑問が起きてきて、目を白

黒させてしまいます。とてもすんなり出ていくことはできません。

このように、「目的」というのは、レストランに入ってから出ていくまでに、必ずしなければならないことです。それをしなければ、レストランに入った意味がありません。本来の目的ではないテレビやマンガは、見ても見なくてもかまいませんが、食事は欠かせません。出ていくまでに何をすればいいのかが「目的」です。

では、人生ではどうでしょうか。

人生では、レストラン以上にいろいろなことができます。そんないろいろの中で、人生へ入ってから出るまで、つまり生まれてから死ぬまでに、何をすればいいのか、何をしなければならないのか、というのが生きる目的であり、生きる意味です。

よく、「今の一瞬一瞬を、精一杯生きれば、生きる意味がある」といわれます。

しかし、レストランに例えれば、入ってから出るまで、精一杯過ごすのが目的ではありません。食事が目的ですから、食事ができなければ、どんなに頑張ってマンガを読んでも、レストランに来た意味はありません。「マンガを読むだけなら家で読んでください」と言われてしまいます。

これと同じように、何かの生きがいに熱中し、生きる力にあふれているからといって、それがすぐに、生きる意味があるということにはつながらないのです。

この本で明らかにする「生きる意味」は、

「私たちは何のために生まれてきたのか」

「何のために生きているのか」

「なぜ生きなければならないのか」

「生まれてから死ぬまでに、何をすれば『人間に生まれてよかった、人生これ一つだった』と満足できるのか」

という人生の目的なのです。

人生の終着点は「死」。必ず死ぬのに、なぜ、頑張って生きるのか

人生は、人それぞれ違います。全く同じ人生を歩む人は、誰一人ありません。時代や国によっても異なります。そう簡単に生きる意味が分かるものではないと思われることでしょう。

では、その各人各様、多種多様な人生が、全く違うのかというと、そうとも言い切れません。いろいろな人生を見比べていくと、ある共通のパターンがあることが浮かび上がってきます。

その一つは、現代では「ライフサイクル」などといわれるものです。これは人間が生まれてから死ぬまでのプロセスですが、いつの時代、どこの国でも、ほとんど同じ道のりをたどります。

しかも、最近発見されたものではなく、昔からいわれていることです。

室町時代の禅僧・一休は、それを、

世の中の　娘が嫁と　花咲いて　嬶《かかあ》としぼんで　婆と散りゆく　（一休）

と詠みました。

女性の一生でいちばんよい時期は、娘時代です。だから娘という字は、「女」（おんなへん）に「良」いと書きます。

娘が結婚すると、お嫁さんになります。

お嫁さんは、子供が生まれると、お母さんになります。

お母さんは、子供が結婚して孫ができると、おばあさんになります。

いつまでも娘にとどまることはできませんし、おばあさんから娘に逆戻りすることもできません。娘から嫁、嫁から嬶《かかあ》、嬶《かかあ》からおばあさんへと、どんどん進んでいきます。

しかも、時間の過ぎゆく速さは、年を取れば取るほど速く流れるように感じます。来る日も来る日も、刻一刻と加速して、老後は若い頃に比べて、何倍も速く時間が過ぎていきます。そして一休が「婆と散りゆく」と言っているのは、そうやって最後、死んでいくということです。

これが、生まれてから死ぬまでの人生の、ほぼ共通のプロセスです。

この人生の重要な特徴の一つを、一休はさらに、

門松は　冥土の旅の　一里塚　（一休）

とも詠んでいます。

「冥土」とは死後の世界のことです。一日生きたということは、一日死に近づいたということですから、生きるということは、冥土へ向かう旅であり、死へ向かっての旅路なのです。

元日になり、一歳、年を取ったということは、一年、死に近づいたということです。毎年元日は、死ぬまで、あと十年、九年、八年、七年……と減っていくカウントダウンのようなものです。

一休は、それを「一里塚」と言っています。「一里塚」というのは、昔、大きな道の脇に一里（約四キロ）毎《ごと》にあった目印です。今でいえば、高速道路の標識のようなものです。

東京から名古屋まで三百五十キロだとすれば、高速道路を走っていると、名古屋まであと

二百キロとか、あと百五十キロ、あと百キロという標識が出てきます。

人生の終着点は「死」ですから、終着地へ着いたら、壁にぶつかって死ななければならない高速道路のようなものです。高速道路ですから、止まることはできませんし、後戻りもできません。

みんな、年が明けると、おめでとう、おめでとうと言っていますが、元旦に「おめでとう」と言うのは、

「あと壁まで百キロ、おめでとうございます」

「あと壁まで七十キロ、おめでとうございます」

と言っているようなものです。

こんなことを言うのは、頭がおめでたい人くらいでしょう。

「門松は　冥土の旅の　一里塚」

私たちは毎年毎年、死へ向かっての旅を続けています。

一体なぜ、必ず死ぬのに、壁まで頑張って走っていかなければならないのでしょうか。

普通、友達に「私って何のために生きているのかな?」と言うと、

「どうしたの？　悩みでもあるの？」

「ウツなの？」

「そんなこと考えてもしかたがないよ」

「もっと生きていることに感謝したほうがいいんじゃない？」

と、まるでおかしなことを言っているように言われます。

ところが、よく考えると、終着点で壁にぶつかって死ぬ高速道路であれば、

「一体なぜ、壁まで頑張って走っていかなければならないのかな？」

と聞いた時、

「何か悩みでもあるの？　ウツなの？　そんなこと考えてもしかたないから、もっと走っていることに感謝したほうがいいんじゃない？」

では意味が分かりません。

そうこうしているうちに、壁に激突するだけです。


もし生きる意味も目的もないとすれば、最後は必ず死にますから、二十世紀のイギリスの作家サマセット・モームの自伝的小説『人間の絆《きずな》』にいわれる、それだけの人生になっ

てしまいます。

人は生まれ、苦しみ、そして死ぬ。
（サマセット・モーム）*7

これがもし人生の共通パターンであれば、とても人間に生まれてよかったどころではありません。

「人間に生まれたこと」は、なぜ、喜ぶべきことなのか

ところが仏教では、人間に生まれることは大変難しいことだから、人間に生まれたことを喜びなさいと教えられています。
釈迦《しゃか》はよく、人間に生まれたことを喜びなさいと教えられているのですが、その一つがこの有名なお言葉です。

人身受け難し　今すでに受く。（釈迦）

いろいろな仏教の本の最初のほうに、よく出てくるので、もしかすると、もうご存じかもしれません。どんな意味かといいますと、「人身」とは、人間のことです。「受ける」とは、生まれるということですから、「人身受け難し」というのは、人間に生まれるのは難しいということです。

ですから「人身受け難し　今すでに受く」というのは、その生まれ難い人間に生まれることができてよかった、よくぞ人間に生まれたものぞ、という生命の大歓喜です。

人間に生まれる確率は、宝くじに連続して当たる以上に低い

人間に生まれることは難しいというのは、どれくらい難しいのでしょうか。

ある時、釈迦《しゃか》は、阿難《あなん》というお弟子に、

「阿難《あなん》よ、そなたは人間に生まれたことを、どのように思っているか？」

と尋ねられました。

「はい、大変喜んでおります」

と答えると、

「どれほど喜んでいるか」

と重ねて聞かれます。

どれほどか、と聞かれても、どう答えていいか、とまどってしまいます。

「人間に生まれたことを喜んでいる」というところまでは模範的な答えですが、さらにそれがどれくらいかとなると、あなたも聞かれたら困るのではないでしょうか？

阿難尊者《あなんそんじゃ》が言葉に詰まると、釈迦《しゃか》は、こんな話をされています。

今日、**「盲亀浮木《もうきふぼく》のたとえ」**といわれる例え話です。

「果てしなく広がる海の底に、一匹の目の見えないカメがいる」……「盲亀浮木《もうきふぼく》」の「盲亀《もうき》」とは、この目の見えないカメのことです。

「その目の見えないカメが、百年に一度、海面に顔を出すのだ」

「海面には一本の丸太ん棒が浮かんでいる」……これが「盲亀浮木《もうきふぼく》」の「浮木《ふぼく》」です。

「その丸太ん棒の真ん中には、小さな穴がある。そして、広い海の上を、風のまにまに、波のまにまに、東へ西へ、南へ北へと漂っているのだ」

「阿難《あなん》よ。百年に一度、海面に顔を出すこのカメが、浮かび上がった拍子に、ひょいと丸太ん棒の穴に首を入れることがあると思うか？」

聞かれた阿難尊者《あなんそんじゃ》は驚いて、

「お釈迦《しゃか》さま、とてもそんなことは考えられません」

と答えると、

「では、絶対にないと言い切れるか」

と念を押されます。

絶対にないかと聞かれると、そうとも言い切れません。

「何億かける何億年、何兆かける何兆年の間には、ひょっと、頭を入れることがあるかもしれませんが、ないと言ってもいいくらい難しいことです」

阿難尊者《あなんそんじゃ》が答えると、釈迦《しゃか》は、

「私たちが人間に生まれることは、このカメが、丸太ん棒の穴に首を入れることが有るよりも難しいことなのだ。有り難いことなのだよ」と教えられています。

目の見える私たちが、太平洋のどこかに漂う一本の丸太ん棒を見つけられるかと言われても、モーターボートで毎日全力で探しても難しいことだと思います。

それが、百年に一度、目の見えないカメですから、とうてい有りえることではありません。日本語の「有《あ》り難《がと》う」はここから来ているといわれていますが、もともとは人間に生まれることは、有ることが難しいということが起源なのです。

実際、もし地球上の他の生命と人間とに同じ確率で生まれるとすれば、他の生き物に生まれる確率のほうがはるかに高くなります。人間は七十億程度ですが、マンボウという魚は一回の産卵で二〜三億個の卵を産むといわれます。ネズミなら「ねずみ算」といわれるように、二匹のつがいのネズミが一カ月に十二匹の子供を産んでいくと、一年後には二百八十億匹になることになります。そんな魚や動物、虫たちが、地球上にどれだけいるか分かりません。人間に生まれる確率は、宝くじに連続して当たる以上に低いことでしょう。どれだけ人間に生まれることが有り難いかが分かります。

水戸黄門もニーチェも、「人生は苦しい」と言っている

それほど、人間に生まれることは難しいと教えられているのですが、もちろん、ただ難しいだけでは、人間に生まれてよかったと喜ぶことはできません。

実際、人間に生まれたことを喜んでいる人が、どれだけあるでしょうか。

テレビドラマで人気の水戸黄門《みとこうもん》は、全国を漫遊し、庶民の味方として描かれていますが、

> ただ見れば　なんの苦もなき水鳥の　足にひまなき　わが思いかな
> （水戸光圀）

と言っています。楽しそうにすいすい泳ぐ水鳥も、水面下では必死で足をじたばたしているように、「私も皆さんから見えないところでは大変なんだ、印籠《いんろう》さえ出せばいいんじゃないんだぞ」ということです。やはり水戸藩の藩主ともなると、現実問題として、苦労も

多かったのでありましょう。

それでも、苦しみを乗り越えてこそ、幸せもあるのではないかと思いますが、十八世紀のフランス啓蒙主義《けいもうしゅぎ》の哲学者ヴォルテールはこう言います。


幸福は幻にすぎないが、苦痛は現実である。（ヴォルテール[*8]）

ヴォルテールの生きた時代は、長らく文化が停滞していた暗黒時代から、理性の光によって啓蒙《けいもう》し、いよいよ近代化に拍車がかかっていく中でしたが、それでも現実は苦しいようです。

さらに十九世紀のドイツの哲学者ニーチェは、

人間は、人生に見入ること深きほど、苦悩にも深く見入る。（ニーチェ[*9]）

と言います。人生楽しいと心から言っていられるのは、まだ人生観の浅い子供のうちくらいのものなのかもしれません。

中国の唐の時代、長安を中心に活躍された高僧・善導大師《ぜんどうだいし》は、

四方八方眺《しほうはっぽうなが》むれど　ただ愁嘆《しゅうたん》の声《こえ》のみぞ聞《き》く。（善導大師）

と言われています。

長安といえば、唐の首都。最盛期には人口百万人にも達した世界最大の国際都市で、日本でもまねして平城京や平安京を造った、あこがれの都です。そんな、みんながうらやむ大都会でも、四方八方から聞こえてくるのは、苦しみ悩み、愁い嘆きの声ばかりだ、ということです。

「人間に生まれてよかった」と喜べるのは、どんな時？

このように、もし人間に生まれても、苦しみ悩み、やがては死ぬだけだとすれば、なぜ釈迦《しゃか》は、「人身受け難し　今すでに受く」、生まれ難い人間に生まれてよかったという生命の大歓喜を説かれているのでしょうか？

それは、人間に生まれた時しか果たすことのできない、尊い目的があるからです。

それを達成した時にこそ、

「人身受け難し　今すでに受く」（生まれ難い人間に生まれてよかった）、

人間に生まれたのはこれ一つだった、という生命の大歓喜を味わうことができるのです。

その尊い目的は、生まれ難い人間に生まれた時にしか果たすことができませんから、釈《しゃ》迦《か》は「人間に生まれたことを喜びなさい」と言われているのです。

では、生まれてから死ぬまでの間に、

「人間に生まれてよかった、よくぞこの身に生まれたものぞ」

の生命の大歓喜が起きる、本当の人生の目的とは、一体どんなものなのでしょうか。

2章まとめ

- 「生きる意味」とは、生まれてから死ぬまでに、これ一つ果たせば人間に生まれてよかったと大満足できる「生きる目的」といっても同じです。

- すべての人に共通する人生のプロセスは、一休が「門松は冥土の旅の一里塚」と詠んでいるように、冥土への旅であり、死へ向かう行進です。
もし生きる意味や目的がなければ、苦しんで死ぬだけの報われない人生になってしまいます。

- ところが仏教では「生まれ難い人間に生まれたことを喜びなさい」と教えられています。
それは、人間に生まれた時しか果たせない、尊い目的が存在するからです。

3章

生きる意味について、よくある七つの間違い

「生きる目的が分からない人」よりも、「間違った目的を信じ込んだ人」のほうが、幸せから遠ざかってしまう

では、人間に生まれてよかったと大満足できる、本当の生きる目的とはどんなものなのでしょうか？

人生を真面目に考えている人は、誰に言われるともなしに、生きる目的の大切さに気づく場合がほとんどです。あなたもすでに、自分なりに考えたことがあるのではないでしょうか。

ところが人生の目的を考える時、そこには間違いやすい落とし穴がたくさん待ち受けています。それらの**落とし穴は、一たび落ちると、間違った生きる目的を信じ込んでしまい、なかなか抜け出すことができません。**そうなると「目的地が分からない」より、もっとひどい目に遭うことになります。

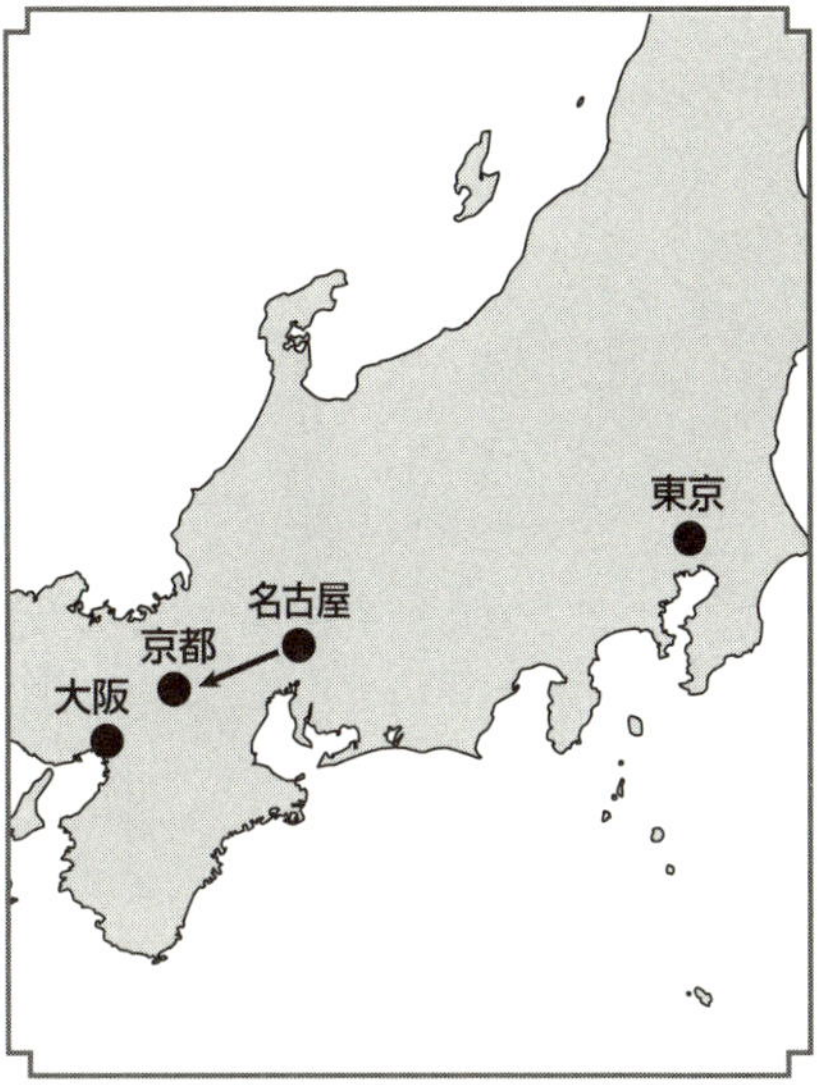

名古屋から京都に行きたい時に、「東京」を京都だと思い込んでしまったら、どうなるでしょうか？

逆方向ですから、今よりも目的地から遠ざかってしまいます。車なら、下道ではなく高速に乗ったほうが、より速く遠のいていきます。

ローマの政治家であり哲学者であるセネカが、

> 道が反対の方向に進みでもすれば、急ぐことすらその間の距離をいよいよ大きくすることの原因になる。
> （セネカ）[*10]

と言っているとおりです。

名古屋から京都へ向かう場合に、たまたま同じ方向の「大阪」を京都と思い込んだ場合でも、京都の近くを素通りして大阪に行ってしまいますので、やはり本当のゴールにたどりつくことはできません。いかに正しい目的地の把握が大切かが分かります。

同じように、正しい「人生の目的」を見つけることが難しい人の特徴として、すでに自分で誤った結論に達し、信じ込んでいるため、他人のアドバイスを聞けないことが多くあります。

自惚《うぬぼ》れ強《づよ》い私たちは、東京を京都だと思っているのに、それを間違いだとは言われたくありません。もしそれが大間違いだと分かると大混乱しますし、場合によっては「もう東京が京都なんだ！　名前だって似ているじゃないかー」などと押し通したくなりますが、それでは単なる愚か者で、自爆するだけです。

その間違った方向性は数え切れないほどあるのですが、**特に危険なものは、大きく分けると次の七パターンとなります。**あなたも、このうちのどれか、もしくは複数を考えたことがあるのではないでしょうか？

これらはどれも、突き詰めていくと「どうもおかしいな」と分かりますので、まず何を言わんとされているのか、それが自分の人生では何を意味するのか、よくご理解いただきたいと思います。

では、一般的に、「生きる目的」についてどんな間違いが多いのでしょうか？

よくある間違い①
「生きるために生きる」という考え

アニマルな生き方では、あっという間に人生は終わってしまう

「何のために生きていますか？」と聞いてまず簡単に出てくる一つめは、

「生きるために生きる」

というものです。それは例えば、

「生きるのは何のため？　そんなこと考える必要ないんじゃないかな。生きること自体が大事なんだよ。人は生きるために生きているんだ」

といった具合に出てきます。

　このように「生きるために生きる」というと、何か深いような響きがありますが、実際には何も考えていなかった人が急に聞かれて、焦って出てきた答えにありがちです。

これに似た考え方としては、

「生きるためには、お金を稼がなければならない。そのためには、仕事をしなければならない」

と、生きるためにしかたなく働いて生きている人、食べるために生きている人も、結局は生きるために生きているということになります。

ところが、この「生きるために生きる」では、実は、生きる目的に答えたことになりません。それは、「受験勉強は何のため?」と聞かれて、「受験勉強のため」と言ったり、「科学の目的は?」と聞かれて「科学の進歩のため」と言ったりしても、答えにならないのと同じです。

それに気づいた人は、

「生きる目的なんか、考えなくても生きていけるよ」

と言うこともあります。

確かにそのとおり、生きる目的なんか考えなくても生きていけます。現に、生きる意味を考えている人も、考えていない人も、みんな生きています。何も考えず働いて、お金を稼ぎ、子供を生んで育てます。

そんな人生のすがたを一休は、

人生は　食て寝て起きて　クソたれて　子は親となる　子は親となる
（一休）

と詠《うた》いました。

毎日、食べては出し、食べては出し、起きては寝て、起きては寝て、台所と便所の往復、布団の上げ下ろし、毎日が同じことの繰り返しです。その間、人それぞれいろいろな仕事をして、趣味やスポーツ、旅行などで楽しみますが、本質的には食べては出し、起きては寝ての同じことを繰り返しているだけです。

その間に、子供があっという間に成長して親となり、その子供もまたあっという間に親となり、その間に自分は年を取って死んでしまいます。

ところが、そんな食べては出し、子供を育てるだけの人生なら、動物でもやっています。動物というのは、本能的に生きています。本能的というのはつまり、欲を満たすためだけ

五欲

- 食欲……食べたい、飲みたい欲
- 財欲……金や物が欲しい欲
- 色欲……異性を求める欲
- 名誉欲……褒められたい、悪口言われたくない欲
- 睡眠欲……眠たい、楽がしたい欲

に生きているということです。欲の心は人間にもありますので、仏教では、食欲、財欲、色欲、名誉欲、睡眠欲の五つの代表的な欲を五欲といいます。

人間も、何も考えず、五欲を満たして喜んでいるだけの本能的な生き方なら、生きる意味も目的も、特に必要ありません。それでも生きていけますし、現代は、そんな人が増えているともいわれます。

ところがそんな**刹那的な快楽を満たすだけのアニマルな生き方では、心からの安心も満足もないまま、あっという間に人生は終わってしまいます。**それでは生まれ難い人間に生まれたかいがありません。

このように「生きるために生きる」というのは、

生きる目的を考えていないということですので、さすがにこの本を読まれる方に、そんな方はめったにないと思いますが、このような人生のすがたをありのままに見つめて、初めて生きる意味、目的が問題になってくるのです。

よくある間違い②
「成長するために生きる」という考え

頑張って
苦しみを乗り越え、
どこへ向かって成長するのか

人生論を読んでいくと、「生きるのは成長するため」というものに出会います。例えば
「人生は苦しみや悩みを通して成長するための学校のようなものだから、苦しみ悩みにも意味がある」
というものです。この「成長」というのは、大体において、肉体よりも、内面的な成長、人格形成といったものです。
ところが、少し考えると、何だかおかしいことに気づきます。

せっかく成長しても、やはりだんだん衰えて、最後は死んでしまいますので、「肉体の成長のために生きている」とか「健康のために生きている」のと同じで、その目的は達成できません。最後は完全に崩れ去ってしまいます。

そこで、この問題を解決するためか、スピリチュアルなどでよくあるのは、死んでも何か魂のようなものが続くとして、生きるのは「魂を磨くため」「魂の成長のため」という考え方に行き着きます。

それが肉体であれ、精神であれ、魂であれ、放っておいて成長するものではありません。やはり、頑張ったり、努力したりする必要がありますから、「生きるのは成長するため」というのは「何も考えずに生きるために生きる」よりは、ずっと立派なことです。

それは、「一生懸命生きる」とか、「ひたむきに生きる」「前向きに生きる」「プラス思考で生きる」「道を切り開いて進む」など、いろいろな表現でいわれます。

では、そうやって、頑張って苦しみを乗り越え、成長するのは、どこへ向かってなのでしょうか。

確かに、一生懸命、何か目的に向かってひたむきに走っている人のほうが、のろのろ走っている人より魅力的です。

ところがそのひたむきに走っている人は、何のために走っているのかが問題です。野球やサッカーなら、確かに素敵でしょう。しかし、あなたの鞄《かばん》をひったくって、捕まらないように前向きに一生懸命ダッシュしているとしたら、素敵でしょうか？　最悪です。できる限り、のろのろ走ってほしくなります。一生懸命ひたむきに走っている姿だけ見たら、素敵だと思いますが、一体どこへ向かって、どういう意味があって走っているのかが大事だということです。

同じように、弁護士としての成長と聞くと、かっこいい感じがしますが、悪の軍団のお抱え弁護士として成長されても、一般庶民には困ります。科学者としての向上も、普通は期待したいところですが、目標が、安くて効果的な凶悪兵器の開発のためでは、困ります。人に迷惑な、変な物は作らないでほしいのです。

ですから、**ただプラス思考で、頑張ればいいのではありません。頑張って何をするのかという目的が、いちばんの問題なのです。**

究極的には、それが生きる目的なのですが、これまでのところ、ほとんど論じられていないのが現状です。

目的地が存在しないのは、スピリチュアル系でも同じです。

例えば「魂の成長」を唱える、飯田史彦氏の説を聞いてみると、魂が成長していくと、どんどん苦しい試練がやってきて、最後は学校の卒業試験のような、最も苦しい試練がやってくると言います。それを卒業すれば、また宇宙の別の場所で成長のための試練を受け続けます。

一体どこに、そんな根拠があるのかと思ったら、よりどころは催眠状態の人の証言でした。なぜそれが根拠になるのか分からないので、ある程度教養のある人には一蹴されそうです。

ですがここでは目をつぶって、なぜ宇宙のいろいろな所で試練を受け続けなければならないのか耳を傾けてみましょう。するとかろうじて「宇宙自体が自らを成長させるため」と説明します。では最終的に、宇宙はなぜ成長したいのでしょうか?

飯田氏はこう言います。


なぜ、宇宙が「成長したい」と願うのかといえば、そこに理由などありません。

（『生きがいの創造』飯田史彦）*11

これにはさすがの催眠状態の人も、答えられなかったようです。

このように「魂の成長」説を、誠実に聞いてみたとしても、苦しい目に遭っても成長を求める理由や目的は、出てこないのです。これでは結局、意味も分からず苦しみ続けなければなりません。

よくある間違い③
「他の誰かのために生きる」という考え

子供が独り立ちし、定年を過ぎても、そういえるのか

次の「生きるのは他の誰かのため」というのは、「人の役に立つため」「人を支えるため」などともいわれます。ほとんどの人が自分のことばかり考えている中、他の誰かのために生きようということですから、「生きるのは成長するため」よりさらに素晴らしい考え方といえるかもしれません。

他の誰かというのは、具体的には、家族や子供のためとか、まずは身近な人が思い浮か

びます。それがさらに、能力や徳がある人ほど、身内以外の人のことも考え始め、友人のため、会社のため、日本のため、世界人類に貢献するためと、スケールが大きくなります。

一人の人の人生でも、子供の時には自分のことしか考えていなかったのが、成長して社会人となれば、その社会の一員として家庭を築き、仕事や地域の集まりなどで、努力に応じて社会に貢献する割合も大きくなっていきます。素晴らしいことです。

ところが現実問題としては、六十歳にもなれば、子供も社会人として独り立ちし、自分の主たる仕事も終わることがほとんどです。

さらに年齢を重ねていくと、だんだんと衰え、やがてどちらかというと貢献というより、社会や家族に世話になるようになっていきます。それはとりもなおさず、「他人のために生きている」とはいえなくなってくるということです。『60歳からの「生きる意味」』という本には、こう書かれています。

子孫を残すという生物本来の役割が終わっている以上、「あなたは何のために生きているのですか？」と聞かれて、「私は社会に役立つために生きています」とはなかなか言えません。現実にだんだんと役立たなくなるの

ですから、それでは答えにならない。

（『60歳からの「生きる意味」』[*12]）

「社会に役立たない人は生きる意味はない」とはいえません。

どんなすごい人でも、やがて死ぬまでには周りの世話になるでしょうから、「生きるのは他の誰かのため」というのは、「何のために生きるのか」の答えにならないことが分かります。

では百歩譲って、優れた人の中には、それでも何らかのすごい力で、家族や社会に貢献できる人もあるかもしれません。

では、そのあなたが貢献した相手は何のために生きているのでしょうか？

もし特に意味を持たない人のために生きてしまうと、自分の意味もなくなってしまいます。

子供であれば、子供は何のために生きているのか。

子供はそのまた子供のために生きているとすれば、そのまた子供は何のために生きているのか……、そのまたまた子供は何のために生きているのか？

分からないまま、子々孫々までずっと続いていってしまいます。

社会に貢献するなら、社会というのは人間の集まりですから、その人たちは、何のために生きているのか。

社会は、そこに生きている人が、よりよく生きるためにあるのですから、そうやってみんなで協力し、助け合って生きていくのは何のためかが問題なのです。

このように、**誰か他の人のために生きるとか、社会に貢献することは、大変素晴らしい「生き方」ではありますが、「生きる目的」ではない**、ということです。

ここまでの三つは、最初の「①生きるため」よりは「②成長するため」のほうが克己心が必要となり、さらに「③誰か他の人のため」は利他心も必要になりますから、だんだん立派な考え方になってきたのですが、それでもいずれも「生き方」の問題であって「何のために生きるのか」という問いの答えにはなっていませんでした。

次からは、一応、答えているものを見てみましょう。

よくある間違い④

「愛のために生きる」という考え

最後は自分か相手のどちらかが死んで、別れていかなければならない

まず、「愛のために生きる」というのはどうでしょうか。

誰しも人生で一度は大恋愛を夢みますから、「人を愛するため」といえば、子供から大人まで、いちばん人気がありそうです。これはかなり「生きる意味」の答えになる可能性が高いのではないでしょうか。

自分だけではあまり意味が感じられない場合でも、好きな相手から愛されれば、自分の存在に大きな意味を感じることができます。そんな心情をドイツの文豪ゲーテは、このように描いています。


ロッテは私を愛している！　私を愛している！――あのひとが私を愛して

から、自分が自分にとってどれほど価値あるものとなったことだろう。

（『若きウェルテルの悩み』ゲーテ[*13]）

あの人に愛されたい！　そのためなら献身的な努力も惜しみません。そうして自分のすべてを捧《ささ》げて愛する人と一心同体になれれば、夢のような陶酔感にひたれます。その幸福感は、哲学者・伊藤健太郎氏の著書『男のための自分探し』に、

誤解を恐れずに言えば、「結婚」は人生の唯一にして最大の幸福です。

（『男のための自分探し』伊藤健太郎[*14]）

と、あるほどです。

ところがそんな幸せも、長くは続きません。

一九七〇年、アーサー・ヒラー監督の名作『ある愛の詩』は、不滅のロマンス映画として歴史にその名をとどめています。

大富豪の一人息子で、勉強もスポーツも万能のオリバーは、ハーバード大学時代、図書館で知り合った貧しいお菓子屋さんの娘、ジェニーと恋に落ちます。

あまりの身分の違いに、卒業したら音楽を学びにパリへ行くというジェニーを、オリバーは引き留め、父親の反対を押し切って、卒業と同時に結婚。

仕送りを打ち切られますが、音楽の夢をあきらめたジェニーが小学校の先生をして学費を稼ぎ、オリバーはハーバードの法科大学院に進学します。

食うや食わずの毎日で、時には大げんかをしてジェニーが出ていったこともありますが、最後には戻ってきて、「愛とは決して後悔しないこと」と夫にほほえみかけます。

二年間の苦学の末、ついにオリバーは三位の優秀な成績で卒業、ニューヨークの法律事務所に高給で迎えられました。喜んだ二人は、子供の名前を話し合うなどして、これから始まる新生活を思い描きます。

ところがニューヨークへ来てすぐ、ジェニーは白血病で、余命幾ばくもないと分かったのです。オリバーは次々入るやりがいのある仕事を断って、必死に看病しますが、ジェニーはみるみる弱っていきます。

その年の冬の、ある寒い日、ジェニーが病気だと知り、オリバーの父親がかけつけた時には、ジェニーは息を引き取った後でした。

「なぜ言わなかった！　私が力になったのに」

父親の言葉を、うつろな目をしたオリバーがさえぎり、

「……愛とは決して後悔しないこと」

とつぶやくと、一人、ジェニーとの思い出の場所に行き、じっと座り込みます。

家を捨て、家族を捨て、莫大《ばくだい》な財産をも捨てて、ただ愛のために大変な苦労をしてきたのに、思いがけず、その愛する妻を失ってしまいました。

今までの苦労は何だったのでしょうか……。


「結婚」が人生最大の幸福であればあるほど、それが崩れた時の苦しみや悲しみに、うちひしがれるのです。

そんな幸せが崩れてしまった人に、「続かないからこそ美しいんだよ」と言ってみても、全く慰めになりません。


世界的な文豪・シェイクスピアは、その厳しい現実を、実に美しく言い表しています。

やっと想《おも》いをとげたとなると、戦争とか、死とか、病気とか、きっとそんな邪魔がはいる――そうして、恋はたちまち消えてしまうのだ、音のようにはかなく、影のようにすばやく……そうなのだ、夢より短く……あの闇夜の稲妻よろしく、一瞬、かっと天地の全貌《ぜんぼう》を描きだしたかと思うと、「見よ!」と言う間もあらばこそ、ふたたび暗黒の腭《あぎと》に呑《の》みこまれてしまう、それと同じだ、すばらしいものは、すべてつかのまの命、たちまち滅び去る。

（シェイクスピア）*15

このことを、仏教では、**「会者定離《えしゃじょうり》」**と教えられています。

出会った者は、必ず別れなければならないということです。好きであればあるほど、ずっと一緒にいたいのですが、必ず別れの日がやってきます。別れの日は、事前に分かる時もありますし、突然やってくる時もあります。その時、愛する気持ちが強ければ強いほど、別れの時の悲しみは大きくなります。

それは男女の間に限りません。子供でも同じです。

母親の子供を思う心は、この世で最も誠実で崇高だといわれます。そんな子供も、やがて成長し、二十年もすれば必ず巣立つ時がやってきます。今まで命のように育ててきた子供が自分の元を離れると、心にぽっかり大きな穴が開いてしまいます。空《から》の巣《す》症候群とまではいかなくとも、すっかりがっかりしてしまうのです。フロイトとともに、初期の精神分析に貢献した心理学者のシュテーケルは、このように言います。

子どもを挫《ざ》折《せつ》した人生の目的に置き換えることはできない。われわれの人生の空虚を満たすための材料ではない。

（シュテーケル）*16

たとえどんなに一緒にいることができたとしても、最後は自分か子供のどちらかが必ず死んで、別れていかなければなりません。たいていは自分のほうが先ですが、子供に先立たれる親もたくさんあります。愛する子供に死なれた悲しみはどれほど大きなものでしょうか。

江戸時代・化政文化を代表する俳人・小林一茶は、晩年になって、ようやく待ち焦がれた子供が生まれました。「さと」と名づけたその長女は、生まれて一年も経《た》つと、他の子供が持っている風車を欲しがったり、夜空に浮かぶ満月を、「あれとって」とせがんだり、たき火を見てきゃらきゃらと笑います。

そのかわいいかわいい一人娘の、あどけないしぐさをいとおしむ情景が、一茶の代表作「おらが春」に描かれます。ところがそんな時、突如、さとは当時の難病、天然痘にかかってしまいます。びっくりした一茶、必死に看病しますが、さとはどんどん衰弱し、あっという間にこの世を去ってしまいます。

茫然自失《ぼうぜんじしつ》、深い悲しみが胸にこみ上げ、一茶はこう詠んでいます。

露の世は　つゆの世ながら　さりながら

（小林一茶）

露の世は、露のようなはかないものと聞いてはいたけれど……。

かわいい娘を失った悲しみは胸をうちふるわせ、あふれる涙に、もはや言葉が継げません。一茶の決してあきらめることのできないむせび泣きが聞こえてくるようです。

このように、会者定離《えしゃじょうり》ということからすれば、相手が子供であれ男女間であれ、とても愛が生きる目的とは言ってはいられないのです。

「会者定離《えしゃじょうり》　ありとはかねて　聞きしかど　昨日今日とは　思わざりけり」

よくある間違い5

「自己実現のために生きる」という考え

やりたいことには限りがないが、命には限りがある

次に、自己実現はどうでしょうか。「やりたいことをやる」とか、「自分らしく生きる」「夢をかなえる」など、いろいろな言い方がありますが、自分の中に眠っている能力を最大限に発揮して、仕事や、趣味、スポーツで活躍することは、多くの人が生きる目的ではないかと考える、有力な考えの一つです。

「自己実現」はそもそも、一九四〇年頃にドイツの心理学者ゴールドシュタインが提唱し、

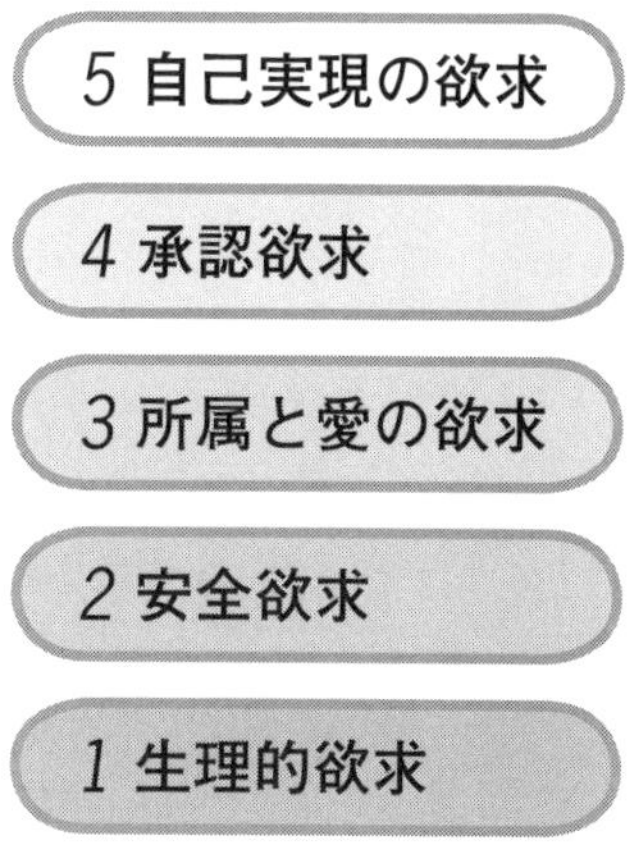

―― マズローの欲求の五段階説 ――

その後、アメリカの心理学者マズローが、「人間は自己実現に向かって成長する」として発展させました。その自己実現までの段階を、五段階に分けたのが、欲求の五段階説です。図の低い段階の欲求が大体満たされると、より高い段階の欲求へと進み、自己実現に向かうというものです。

　この理論は必ずしも現実に合うわけではないという批判もありますが、大方のところ、そういう傾向は多くの人に認められると思います。こうして、いろいろな欲求を満たしていき、最後の自己実現をすることが、「生きる目的」なのではないかと思う人があるわけです。

　ところが、一章で出てきたヴィクトール・フランクルは、幸せは、求めれば求めるほど遠のいていくように、自己実現も求めれば求めるほど遠のいてしまうので、「自己実現は生きる目的ではない」と、マズローの理論を批判します。

自己実現は、人間の究極目的ではないし、第一の意図でもない。

（ヴィクトール・フランクル）＊17

なぜなら、自己実現はそもそも、夢中で自分らしく生きている時に、無自覚になされていくものであって、本人に自己実現が意識されるのは、生きる意味を見失った時だけだからだ、と言います。

当のマズロー本人も、この意見に肯定的です。

人生における使命を見失い、直接的、利己的、個人的に自己実現を求める人は……実際には自己実現を達成できないというフランクルの考えに、私の経験は一致している。

（マズロー）＊18

こうして言い出しっぺの本人も、「やっぱり自己実現は人生の目的ではないや」と認めているのですが、その後も自己実現は根強い人気を誇っています。

自己実現を追求した著名人の証言

では、本当のところはどうなのか、実際にものすごい力を発揮して、自己実現をしているように見える人たちに、やってみた感想を聞いてみましょう。

◆レオナルド・ダ・ヴィンチ（15世紀イタリア）

まずは、十五世紀・イタリアルネサンスを代表する万能の天才、レオナルド・ダ・ヴィンチはどうでしょうか。世界で最もよく知られている絵画の一つ『モナ・リザ』をはじめ、彫刻や建築、発明、解剖学、植物学と、様々な分野で一流の業績を残しましたので、かなり自己実現しているように見えます。

ところが、そのような素晴らしい作品や業績の数々に、本人はこう言って満足していません。

> 芸術には決して完成するということはない。ただそこで終わりにしているだけだ。
> （レオナルド・ダ・ヴィンチ）*19

人生の最後には、こんな言葉も残しています。

> 私は神と人類にそむいた。なぜなら本来果たすべき仕事をやりとげられなかったからだ。
> （レオナルド・ダ・ヴィンチ）[*20]

あれだけの天才でも、確かにフランクルやマズローの言うように、自己実現はできなかったようです。

◆アイザック・ニュートン（17世紀イギリス）

十七世紀、科学革命の偉大なる物理学者であり、数学者であった、ニュートンはどうでしょうか。

天に輝く月や惑星、木から落ちるリンゴなど、あらゆる運動を統一的に説明したニュートン力学や、微分積分学を生み出し、現在の科学文明に大きな影響を与えました。それにもかかわらず、晩年に、こう言っています。

世間にどう映ったかは知らないが、私はただ、海辺でたわむれる子供のようなもので、時折、普通よりなめらかな小石か、きれいな貝殻でも見つけて喜んでいたようなものだった……。眼前には到底未知の、真理の大海が広がっている。

（ニュートン）*21

ということは、ニュートン力学は小石で、微分積分は貝殻でしょうか。あれだけのことをやりながら、単なる子供の遊びで、まだまだ何もしていないようなものだと、本人は全く満足していないようです。

◆ゲーテ（18世紀ドイツ）

十八世紀のドイツの文豪ゲーテもそうです。二十代で書き上げた『若きウェルテルの悩み』は、ナポレオンが七回読んだといわれ、その後の作品にも、モーツァルトやベートーヴェン、シューベルトやメンデルスゾーンなど、著名な作曲家がこぞって曲をつけ、名声をほしいままにしています。

ところが、そんなゲーテも、二十代の頃から一生をかけて書き上げた大作『ファウスト』の中で次のように人生を問うています。

一生を学問に捧《ささ》げ、満足できなかったファウスト博士が、最後に魔術の道に入ります。そこへ現れた愉快な悪魔、メフィストフェレスと、満足できたら魂を渡す契約で、若返って冒険の旅へ出ます。

まずは恋愛、次に権力、さらには、どんな英雄もひざまずく伝説の美女と、メフィストのどこか足りない魔法で次々望みをかなえます。あらゆる快楽の限りを尽くし、最後には社会事業にも取り組みますが、どの瞬間も心からの満足はできません。絶望はしなくても釈然とせず、心に闇がかぶさって、方角が分からなくなり、理想を思い描いたまま死んでしまいます。

そんな作品を、生涯をかけて書き残したゲーテは、自らも恋多き人生を歩み、文筆活動によって名声を博しましたが、晩年、友人のエッカーマンにこう語っています。

結局、私の生活は苦痛と重荷にすぎなかったし、七十五年の全生涯において、真に幸福であったのは四週間とはなかった、とさえ断言できる。私の生涯は、たえず転がり落ちるので永遠にもち上げてやらなければならぬ岩のようなものでしかなかった。

（ゲーテ）*22

永遠に岩を持ち上げ続けるのは、終わりがなく、苦しいだけですから、あれだけ活躍し、生前から高い評価を受けていながら、ゲーテ自身も、やはり満足できなかったようです。

◆**葛飾北斎**（18世紀日本）

ゲーテとほぼ同時代、江戸時代は化政文化の代表的な浮世絵師、葛飾北斎《かつしかほくさい》はどうでしょうか。「冨嶽三十六景《ふがくさんじゅうろっけい》」をはじめ、何万点もの作品を残し、ゴッホにも影響を与えて世界的に知られています。

ところが、八十八歳まで生きて、最期はこんな悔いを残しています。

天があと十年、いや五年の命を与えてくれたなら真に偉大な画家になれるのだが……。

（葛飾北斎）

冨嶽三十六景《ふがくさんじゅうろっけい》の有名な「神奈川沖浪裏」など、遠景に富士山、荒れ狂う海、翻弄される船、豪快に襲いかかる大波、砕け散る波頭、その瞬間を永遠に切り取ったたぐいまれな画力は、他人から見れば、「それだけすごかったら、もう真に偉大な画家なんじゃありませんか？」と言いたくなりますが、本人は満足できないようです。

◆チャールズ・ダーウィン（19世紀イギリス）

十九世紀のイギリスで、進化論を提唱したダーウィンはどうでしょうか。

当時、すでに科学革命や産業革命は起きていましたが、いまだ、あらゆる生物は神によって創造されたと思われていた時代でした。

そんな中、ビーグル号で五年間かけて世界一周し、やがて自然淘汰《しぜんとうた》の革命的な理論で人々の意識に大転換を起こしました。その後、七十三歳まで生きて、ニュートンの墓の近くに葬られました。今日も多くの人にその名を知られ、現在の生物学の前提となっています。

それだけ卓越した力を発揮して人類に貢献したのに、どれほど満足できたのでしょうか？　生前、このように言っています。

自分の心が「事実の山をすりつぶして一般法則をしぼりだす機械か何か」になった気がする。
（ダーウィン）[*23]

どうやら、かなりお疲れのようで、「満足」には至らなかったようです。

◆ジョン・レノン（20世紀イギリス）

イギリスの歴史ある港町リヴァプール。ロックに魅せられた少年たちがバンドを結成し、いつかビッグになりたいと、来る日も来る日もクラブで演奏し続けます。

一九六二年、ビートルズとしてデビューすると、人気は急上昇し、翌年にはイギリス王室に招待を受けます。さらにはロックの本場、アメリカでも大成功をおさめ、ワールドツアーに出発。日本武道館が初めてロック・コンサートに使われたのは、ビートルズの日本公演でした。

ところが、そのあまりのハード・スケジュールと、行く先々でもみくちゃにされることに疲れ切ってしまい、一九六六年にはツアーをやめてしまいます。ビートルズが解散する前年、リーダーのジョン・レノンは、記者会見で、こう言っています。

ビートルズは成功し、ツアーをやめ、欲しいだけの金や名声を手に入れ、最後に、自分たちは何も手にしていないことに気づいた。（ジョン・レノン）[*24]

好きなことに打ち込んだうえに、お金や名声まで手に入れたのに、満足を手にすることはできなかったようです。

◆パブロ・ピカソ（20世紀スペイン）

二十世紀初頭、キュビズムを創始したピカソは、征服者のように人生を歩み、力も、女性も、富も、栄光も手にしましたが、そのどれにも満足できませんでした。

やがて仕事だけが自分の人生のようになると、「毎日できが悪くなる」と言い、目指す究極の絵からもかえって遠ざかっていくようでした。

それでも必死で仕事にしがみつき、絵を描き続けます。十数万点という膨大な作品を作り、九十一歳まで長生きしましたが、晩年にこんな言葉を残しています。

何よりも辛《つら》いのは、永遠に完成することがないということだ。「さあ、よく働いた。明日は安息日だ」と言える日は来ないのだ。（ピカソ）[*25]

個性的で創造的な才能をどれだけ発揮しても、自己実現したという満足はなかったようです。

◆**村上春樹氏**（現代日本）

現代の日本では、『ノルウェイの森』が一千万部突破、『1Q84』は三百万部突破と、大ベストセラーとなり、世界的にも評価されている村上春樹氏は、こう言います。

自己表現は精神を細分化するだけであり、それはどこにも到達しない。もし何かに到達したような気分になったとすれば、それは錯覚である。人は書かずにいられないから書くのだ。書くこと自体には効用もないし、それに付随する救いもない。（村上春樹）[*26]

自らの能力を発揮して大ベストセラーを書いても、何かに到達したと思えばそれは錯覚であり、別に書くこと自体が楽しいわけではないとのこと。

確かに、これだけ歴史に名を残した天才たちが自己実現できないとすれば、自己実現したと思った人は、何かの勘違いかもしれません。

そして村上春樹氏は、人々の「生」をかいま見れば見るほど、それは、定まった場所を定まった速度で巡回しているメリー・ゴーランドのように、どこにも行けない無力感にとらわれるにもかかわらず、我々はそんな回転木馬の上で熾烈《しれつ》なデッド・ヒートを繰り広げているようだと続けます。

このように、ゴールのない道を果てしなく歩み続けて苦しんでいるありさまを、仏教では**「流転輪廻《るてんりんね》」**といいます。車の輪が同じ所をぐるぐる回るように際限がない、ということです。私たちはいつも、何かを求めて生きています。

お金があれば幸せになれる……、

もっといい仕事に就けば……、

恋人があれば……、

車があれば……、
子供があれば……、
家があれば……、
体の調子が悪い所が治れば……、
いろいろなものを求めて生きています。
そして、ただでは手に入りませんから、努力の末、手に入れます。
手に入れた時はうれしいのですが、一時的で、すぐに慣れてしまいます。
するとまた、次のものを求め始めるのです。
まるで車の輪が回るように、手に入れては慣れてしまい、手に入れては慣れてしまい、求めているものは、少しずつ変わっていくのですが、メリー・ゴーランドが回り続けるように、同じ所をぐるぐるぐるぐる回って、本当の安心も満足もないのです。
このことをドイツの哲学者ショーペンハウアーは、こう表現しています。

願望はその本性のうえからいって苦痛である。
その願望が達成されると今度はたちどころに飽きがくる。

目標は見せかけにすぎなかったからである。所有は魅力を奪い去ってしまう。

そうするとまたしても願望や欲求が装いを新たにして出現することになるであろう。

（ショーペンハウアー）＊27

そんなゴールの影も形も見えない円周トラックを走り続けるように、私たちは次々と現れる欲望を追い求め、流転輪廻《るてんりんね》を重ねるだけで、どこまで行っても、どこにもたどりつきません。やりたいことには限りがありませんが、命には限りがありますから、やがて力尽きる時がやってきます。

「精一杯やったからこれでいいんだ」

「頑張っているからしかたないんだ」

と、思い込むしかありません。

このように、死ぬまで求まったということもなく、限りなく歩き続けることが生きる目的ではありません。人間に生まれてよかったという生命の歓喜を味わうには、一体どうすればいいのでしょうか？

よくある間違い⑥

「生きたあかしを残すために生きる」という考え

人生は夢・幻のようにはかないもの
「生きたあかし」は、やがて必ず消えてしまう

次に思い浮かぶのが、自分が最後死んでしまうとすれば、自分が生きたあかしが残ればいいのではないか、という考えです。

「自分が生きていたことを証明するため」「人の記憶に残るため」という人もありますが、作品や影響、思い出を残すのが、生きる目的ではないかというものです。

トップレベルに生きた七名の証言

ではさっそく、トップレベルに生きたあかしを残し、人々に影響を与え、多くの人の記憶に残っていると思われる人に尋ねてみましょう。ここで気をつけなければならないのは、

後世の私たちにとって意味があるかどうかではなく、本人にとって生きる意味が感じられているかどうかということです。それではまず、レオナルド・ダ・ヴィンチに匹敵する天才の登場です。

◆ミケランジェロ・ブオナローティ（16世紀イタリア）

ダビデ像をはじめ、彫刻、絵画、建築などの様々な分野で偉大な作品を残したルネサンスの天才、ミケランジェロは、生前から高い評価を受けており、史上、最も優れた芸術家の一人として、多くの作品を残しています。

私たちからすれば、大変な生きたあかしが残されていますから、これはミケランジェロ自身にとって、素晴らしい生きる意味だったのではないでしょうか？

ところが本人は、晩年、芸術に対して深い幻滅を告白しています。

> いまやわたしは知った、芸術を偶像とも君主ともみなしたあの迷妄の情熱がいかに誤っていたかを。人間にとってその欲望がいかに災厄《わざわい》の源泉《もと》であるかを。
>
> （ミケランジェロ）*28

後世にあのような素晴らしい作品を残しても、本人は、芸術に人生を捧《ささ》げたのは、迷妄であり、誤りであり、その情熱や欲望は、災いの源泉であったと後悔しているのです。

◆松尾芭蕉（17世紀日本）

江戸時代は元禄《げんろく》文化、俳聖といわれ、世界的に知られる松尾芭蕉《まつおばしょう》が、最後、病に伏し、死の四日前に詠んだのが、この有名な句です。

「旅に病《やん》で　夢は枯野《かれの》を　かけ廻《めぐ》る」

この時芭蕉《ばしょう》は、早く治してまた旅に出たいという夢を語ったのか、それとも五十年の旅のような人生を夢か走馬灯のように思い巡らしていたのか……。死がすぐそこまで迫る中、一体何を見たのでしょうか。その時立ち会った弟子の『笈日記《おいにっき》』によれば、芭蕉《ばしょう》は、花鳥風月に心をかけるのは迷いであったと知らされ、「あれだけ打ち込んできた俳諧を忘れようとしか思わないとは……」と、繰り返し繰り返し後悔したとあります。

此《この》後はただ生前の俳諧をわすれんとのみおもうはと、かえすがえすくやみ申されし也《なり》
（松尾芭蕉）

たくさんの名句を残し、日本人なら誰でも知っているような松尾芭蕉《まつおばしょう》も、臨終に後悔しているのです。

◆ナポレオン・ボナパルト（18〜19世紀フランス）

古い社会体制が行き詰まり、フランス革命が勃発《ぼっぱつ》する混乱のさなか、破竹の勢いでヨーロッパを席巻《せっけん》し、英雄といわれたナポレオンは、絶頂期には皇帝にまで昇り詰めます。

ところが、ロシア遠征に失敗して栄光の座から転落し、最後はセント・ヘレナ島に幽閉されてしまいます。

ナポレオン法典を制定し、あれだけ生きたあかしを残しても、六年間の苦悩に満ちた生活の末、失意の中で生涯を閉じました。

生前、このような言葉を残しています。

> 人生はとるに足りない夢だ。いつかは消え去ってしまう……。
>
> （ナポレオン）*29

◆ジュゼッペ・ヴェルディ（19世紀イタリア）

音楽の世界にもあります。

「椿姫《つばきひめ》」「アイーダ」といった名作を残した、十九世紀を代表するイタリアの作曲家ヴェルディは、晩年、シェイクスピアを原作とする歌劇「オテロ」や「ファルスタッフ」を完成し、好評を博しました。当時の人たちにとっても、私たちからしても、素晴らしい作品群が残されています。

ところが本人は、晩年、健康が著しく衰え、そんな自分の状態にすっかり憂鬱《ゆううつ》になってしまいました。一九〇一年、八十七歳で死ぬ年に、こう書いています。

> わたしは生きているのではなく、ただ草木のように存在しているだけだ……わたしはもうこの世に何もすることがない。
> （ヴェルディ＊30）

あれだけの作品を残し、世界的な名声も得たのに、少しもうれしくなさそうです。せっかく素晴らしい作品を残したのに、それが自分にとって意味が見いだせなくなってしまったのです。

◆クロード・モネ（19世紀フランス）

フランスの印象派の画家クロード・モネは、日本好きだったことでも知られています。スイレンの池にかかる日本風の橋の絵をたくさん描いたり、着物を着た奥さんをモデルに描いた「ラ・ジャポネーズ」というきれいな絵もあります。

晩年には画家として高く評価されていたのですが、だんだん自分の絵画の価値について根底から疑いを持つようになり、自分の絵を破いたり燃やしたりするようになりました。最後にはこう言っています。

> 私の人生は失敗に過ぎなかった。そして残されたなすべきことは、私が消える前に自分の作品を壊すことだけだ。（モネ）*31

◆パブロ・ピカソ（20世紀スペイン）

スペイン出身、フランスで活躍したピカソもそうでした。

落札額が百億円を超すこともある絵画を描きましたが、晩年になると、自分の絵に確信が持てなくなります。「傑作なのかクズなのか分からない」と疑問を持ち始め、そのむなしさを打ち消そうと、ますます激しく仕事に打ち込みます。ところが最後には、

> すべて終わった。絵はわれわれが信じていたようなものではなかった。それどころか正反対だった。（中略）誰にも何の役にも立たないではないか。絵、展覧会——それがいったい何になる？
> （ピカソ[*32]）

と言っています。死んでいく時には、あのようなたくさんの素晴らしい作品は、何の役にも立たなかったということです。

◆夏目漱石（20世紀日本）

日本の文豪・夏目漱石《なつめそうせき》も同じです。『吾輩《わがはい》は猫である』『坊《ぼ》っちゃん』『草枕《くさまくら》』『三四郎』『それから』『こころ』と、あれほどの名作を残しながら、死の前年、最後の随筆『硝子戸《がらすど》の中《うち》』には、こう記されています。

今まで書いた事が全く無意味のように思われ出した。

（夏目漱石）[*33]

このように、人生の最後は、これまで自分の生きる意味だと思ってきたことすべてが光を失い、自分の生きたあかしなどに満足できないのです。

もし満足できなくても、生きたあかしを「残す」ことが、生きる意味だとすれば、生きたあかしが残らなければ、生きる意味はありません。あなたの作品や思い出は、しばらくは残ると思いますが、それはやがて必ず消えてしまいます。結局は、何も残らないのです。

心理学者の諸富祥彦《もろとみよしひこ》氏も、分かりやすく解説しています。

たしかにあなたが死んでも、あなたの思い出は、しばらく他の人の心に残ることでしょう。歴史に名を刻むような人物であれば、なおさらです。しかしその幸運も永遠には続きません。何と言っても、「人類はいつか、消えてなくなる」のですから。

（『人生に意味はあるか』）[*34]

地球の寿命さえもあと五十億年といわれていますから、たかだかそれまでのことです。地球資源を使えば使うほど、環境を破壊すればするほど、人類は早く終わってしまうでしょう。そうなれば私たちの生きたあかしは、すべて消えてしまいます。せっかく人生かけて何かを残したのに、それはしばらくのことで、やがてなくなってしまうのですから、最初からあなたが存在しなかったとしても、何も変わりません。

仏教ではさらに、宇宙や人類が消えてしまうどころか、それらを含めた人生自体が夢のようなものだと教えられています。

> 人間はただ電光・朝露《ちょうろ》の夢・幻の間の楽しみぞかし。
> （蓮如上人）

人生の楽しみは稲妻のように速く、朝露のようにはかない、夢や幻のようなものだということです。

夢の中にも、夢の中の宇宙があり、夢の中の人類にも歴史があるでしょうが、夢が覚めればすべて消えてしまいます。どんなに夢の中に、そこにいたあかしを残しても、夢覚めた時、一体何の意味があるでしょうか？

同じように人生も、そこにどんな痕跡《こんせき》を残したとしても、死がいよいよ目の前に迫ってくると、何の意味も感じられなくなります。そして人生を終えれば、生きたあかしは夢のようにすべて消えてしまいます。これではまさに酔生夢死そのものです。

そんな夢のような人生で、一体何をすれば、本当に生きた意味があるのでしょうか。

よくある間違い⑦

「生きること自体が大事」という考え

人生マラソンを走っていくと、やがて見えてくるのは崖っぷち

このように、よく考えてみると、「何のために生きるのか」の一応の答えとしてよくある「④愛」も続かない、「⑤自己実現」もキリがない、「⑥生きたあかし」も最後は消えてしまいますので、どれも生きる目的とはいえないものばかりでした。そうなると、いろいろ考えたり、行動したり、人生経験を踏んでも、そう簡単に人生の目的地が分かるわけで

はないと分かります。

そして最後に考えるのが、いろいろの言い方がありますが、「今が幸せであることに気づく」とか、「いま・ここを生きる」とか、「目的よりも過程が大事」とか、「すべてのことに意味がある」とか、「生きているのではなく、生かされていることに感謝」など、生きること自体に意味を見いだそうという考え方です。

これは、一番めの、何も考えずに「生きるために生きる」というよりも、人生経験豊富な方が言われることが多く、確かにずっと深くなってはいるのですが、やはり、生きることが目的であり、生きるために生きると言っているのと同じです。

もし生きるために生きているとすると、歩くために歩いたり、走るために走ったりしているのと同じです。「じゃあ今から一緒に走りましょう」と言われたらどうでしょうか。夕日に向かって走るのならロマンチックかもしれませんが、現実には「どこへ向かって走るのですか？」と聞きたくなります。

「目的地よりも過程が大事」とか「目的地が分からなくても、いま・ここを走りましょう」とか「走っているすべてに意味がある」「走らされていることに感謝」と言われても、困ります。

それでも断り切れず、目的地なしに走ってしまった場合でも、走っているコースに、なぜかいろいろな障害物が出てきます。ゆっくり走っていたら越えられないので、かなり遠くから助走をつけて越えなければなりません。はたまた競争相手まで出てきて蹴落とされそうになることもありますから、その分、頑張らないといけません。今が幸せと気づいても、なぜ障害物競走をしなければいけないのか分かりません。たまに走っていることに感謝してみても、だんだん疲れてきて、すぐに忘れてしまいます。

そうして、学校の試験や、就職活動、婚活や子育てなど、いろいろな困難を乗り越えて歩いたり走ったり進んでいきます。

人生は短距離走というよりマラソンですから、よくペース配分を考えて今を精一杯、感謝して走っていくのですが、そうするとやがて見えてくるのが、崖っぷちです。走っていくと、最後、必ず崖から落ちていかなければなりません。なぜ、いろいろな苦難を乗り越えて、崖から落ちるまで走っていかなければならないのでしょうか。走ることに感謝できるはずがありません。

このように、何のために生きるのか分からず、やがて必ず死んでいかなければならない人生を、ロシアの作家、チェーホフは、

> いやしくもものを考えるほどの人間なら、成年に達して、成熟した意識をもつようになると、しぜん、自分が出口のないわなにでも落ちたように感じるものです。
> （チェーホフ）[*35]

と表現しています。

どんなに嫌だと思っても、時間の流れを止めることも、逆戻りすることもできません。どうしようもない力に押されるように目的もなく走っていき、いろいろの困難を乗り越えた末、最後、崖から落ちてしまうのです。その崖から落ちる時の心境を、釈迦《しゃか》はこのよう

に説かれています。

大命《だいみょう》将《まさ》に終《おわ》らんとして悔懼《けく》交至《こもごも》る。

（大無量寿経）

「大命《だいみょう》」とは肉体の命ですから、「大命《だいみょう》まさに終《お》わらんとして」とは、臨終に、ということです。

「悔《け》」とは、過去の行為に対する後悔。

「懼《く》」とは、これから入っていく真《ま》っ暗《くら》な未来に対する恐れです。

ですから、「悔《け》懼《く》こもごも至《いた》る」とは、臨終に、後悔と恐れが、代わる代わる起きてくる、ということです。これまで時間があったのに、なぜ目的地を見つけなかったのか。最後、崖だと分かっていたのに、とうとう目的地が分からずに崖まで来てしまった。

どれだけ今を精一杯走っても、自分らしく走っても、他人のために走っても、走ったあかしを残しても、崖から落ちていく時には何の関係もありません。みんな次々と崖から落ちていきます。

このように、目的を知らず、生きること自体を大事に生きていくと、人間に生まれてよかったという生命の歓喜もなく、それどころか後悔の中、人生を終えることになってしまいます。やはり、目的知らずに、生きること自体が大事とはいえません。

なぜ、歴史上の天才たちでも、心からの安心、満足を得られなかったのか

では一体なぜ、どんな人の人生も、人間に生まれてよかったという喜びがなく、後悔の人生に終わってしまうのでしょうか？

仏教では、このように教えられています。

> 真《しん》・仮《け》を知らざるによりて、如来《にょらい》広大の恩徳《おんどく》を迷失す。
>
> （『教行信証』親鸞聖人）

「如来《にょらい》広大の恩徳《おんどく》」とは生命の歓喜です。歓喜というのは、喜びのことですが、生命の歓喜は、欲望を満たす喜びとは違います。人間に生まれてよかったという喜びです。その

生命の歓喜が起きないのは、「真仮《しんけ》」を知らないからだといわれています。

「真《しん》」とは生きる目的。

「仮《け》」とは生きがいや趣味、生き方など、生きる手段のことです。

「知らざるによりて」とは、区別がつかないから、ということです。

あの歴史上の天才たちでも心からの安心も満足もなかったと聞いて、「天才は、天才のあくなき向上心ゆえに、完成がないのではないか」とか、「趣味や生きがいで満足できる人もいるのではないか」という心があれば、それが、生きる目的と、手段の区別がつかない心です。

そうやって、**趣味や生きがいなどの「生きる手段」を「生きる目的」のように思い、本当の生きる目的と、生きる手段の区別がつかないから、人間に生まれてよかったという生命の歓喜が得られない**のだということです。

ましてやこの本当の仏教の教えを知らず、みんなが毎日考えていることは、本質的には生きる目的ではなく、生きる手段ばかりです。

そもそも目的と手段の関係は、目的あっての手段です。手段とは目的を果たすためのものですから、目的がなければ、手段もありません。

駅まで行こうと思ったら、車で行こう、自転車で行こう、近ければ歩いて行こうというように、目的地が決まってこそ、手段が決まります。

アメリカへ行こうと思ったら、自動車や歩きでは行けませんので、飛行機で行こうとか、船で行こうとなります。月へ行こうとなったら、飛行機や船では行けないので、ロケットを使うしかありません。逆に、近所の友達の家に遊びに行くのに、無駄にロケットを使うのは邪魔なだけなので、自転車や歩きとなります。このように、目的地に応じて手段が決まります。

道に迷いやすいある人が、車で遠くへ出かけた時のことです。それまで快適だったカーナビが、その時は地図を表示するだけで、どっちへ行くべきかという方角を示さなくなりました。壊れたのかと思ってそのまま乗っていたのですが、止まった時によく見ると、単に自分が目的地を設定し忘れていただけでした。目的地を設定しないと、どんなに高性能のカーナビでも、行き方は教えられません。目的地があって、行き方が出てくるのです。

ところが私たちの人生にも、いろいろな生き方があります。どんな勉強をして、どんな仕事をするのか、誰と結婚して、どんな家庭を築くのか。人生にはいろいろの困難がやってきますが、その困難をどう乗り越えるのか。

それらの、どう生きるかということは、生き方であり、生きる手段ですから、目的が分からなければ、手段も分かりません。人生の岐路に立たされた時、どちらを選べばいいのかも、目的がなければ当てずっぽうになってしまいます。

「生きる目的」を見失ったまま、医学、経済、科学は発展し続けている

個人的な生き方だけでなく、みんなが日々努力している、政治や経済、科学や医学などは、いかに快適に、長く生きることができるかという生きる手段です。

中でもいちばん分かりやすいのは、医学です。医学の主な目的は治療です。治療によって、平均寿命も延び、長く生きることができるようになりますが、私たちは治療するために生きているのではありません。飛行機なら、飛びながら壊れた所を修復して、航続距離を伸ばすことはできますが、飛行機は修理するために飛んでいるのではありません。医学は、治療して命を延ばすことはできても、延ばした命で何をするかについては答えないの

です。やはり医学は生きる手段です。

政治も、国民を守り、個人やグループの利害を調整するものです。政治を目的として、そのために国民が迷惑したり、死んだりしたら大変ですから、私たちが政治のためにあるのではなく、政治が私たちのためにあります。やはり政治は、みんながよりよく生きるための、生きる手段です。

経済も、どうしたらより効率よく生産し、平等に分配できるかということですから、やはり生きるための手段です。二十世紀の経済成長はめざましく、先進国は、生活するうえではじゅうぶんなくらい豊かになりました。ところが、さらなる経済成長のために、テレビの宣伝広告で欲望をかきたて、それほど必要ない物まで売ろうとするようになっています。消費者からすれば、本来は必要ないのに無理に買わされても、もはやうれしいとは思えません。私たちが、経済成長の手段なのではなく、経済が、私たちが生きる手段なのですが、それでも経済成長の目的が分からないまま、右肩上がりの経済成長が求められ、競争が激化すると共に、資源は枯渇し、環境は破壊されていきます。

科学も、どうすれば便利に快適に生きられるかという生きる手段です。二十世紀の科学の進歩はめざましく、物理学は、核分裂による莫大《ばくだい》なエネルギーを利用可能にし、生物学は遺伝情報を解読し、遺伝子組み替えまでできるようになりました。ところが制御不能なほど大きなエネルギーを扱う核技術や、自然界に存在しない生物を生み出すバイオテクノロジーは、人類の未来に暗い影を宿しています。

手段は完全になったというのに、肝心の目的がよくわからなくなったというのが、この時代の特徴と言えるでしょう。
（アインシュタイン）[*36]

生きる手段が完全とまではいかなくても、急速な進歩を遂げていますので、手段が進歩すればするほど、目的が分からないことが際立ちます。手段は、何に使うのかという目的が分からなければ、意味を失います。目的は分からなくても、とにかく少しでも大きな力が手に入るよう進歩し続けよう、というのでは怖いだけです。

このように、政治も経済も科学も医学も、人間の営みすべては生きるための手段ですから、生きる目的がなければ、成り立ちません。手段のための手段となって、同じ所をぐるぐる回って、どこにもたどりつかないのですが、そんなことにおかまいなく、人類の進歩は加速していきます。

夏目漱石は、目的が分からないまま生きることの恐ろしさに気づいていた

かつてこの恐ろしさに気づいた夏目漱石《なつめそうせき》は、晩年に書いた『行人』の登場人物に、このように語らせます。

> 「自分のしている事が、自分の目的《エンド》になっていないほど苦しい事はない」とにいさんは言います。
> 「目的《エンド》でなくっても方便《ミインズ》になればいいじゃないか」と私が言います。
> 「それは結構である。ある目的《エンド》があればこそ、方便《ミインズ》が定められるのだから」とにいさんが答えます。
>
> （『行人』夏目漱石）*37

仏教では手段や方法のことを「方便」といいますから、「にいさん」が、「目的があればこそ、方便が定められる」と言っているのは、目的があって手段が決まる、ということで

す。自分のしていることが手段になるということは、生きる目的があるということですから、そんな素晴らしい結構なことはありません。ところが、もともと目的がない状態では、まず何かを目的にしないと、あとは自分が何をしても、手段にもしようがないのです。

漱石《そうせき》はこう続けます。

にいさんの苦しむのは、にいさんが何をどうしても、それが目的《エンド》にならないばかりでなく、方便《ミインズ》にもならないと思うからです。ただ不安なのです。従ってじっとしていられないのです。にいさんは落ち付いて寝ていられないから起きると言います。起きると、ただ起きていられないから歩くと言います。歩くとただ歩いていられないから走《かけ》ると言います。すでに走《か》け出《だ》した以上、どこまで行っても止まれないと言います。止まれないばかりならいいが刻一刻と速力を増してゆかなければならないと言います。その極端を想像すると恐ろしいと言います。冷や汗が出るように恐ろしいと言います。こわくてこわくてたまらないと言います。

（『行人』夏目漱石）

生きる「目的」と「手段」の大きな違い

このことから、目的に求められる一つの重要な条件が明らかになってきます。

それは、**目的には達成や完成がなければならない**ということです。

ですから、目的と手段の一つの大きな違いは、生きる手段や生き方には完成がありませんが、生きる目的には、これで果たしたとか、完成したということがある、ということです。これは生きる目的を知るうえで、非常に重要なことです。

例えば、生き方や生きる手段である、仕事や趣味、生きがいには完成がありません。仕事の技能がどれだけ向上しても、完成はありません。まだ向上できます。パソコンを作っても、完成されたパソコンはないので、常により性能の高いパソコンを作らなければなりません。独立して起業しても、完成はありません。常に少しでもよくするため、できなくなるまで走り続けることになります。

書道、柔道、剣道、茶道、華道、絵画や彫刻、音楽、スポーツ、学問、その他、世の中にいろいろな道がありますが、これで完成ということはありません。ひょっとしたら完成できるのではないかというのは、おおかた初心者の思うことです。やればやるほど、道の果てしなさが知らされ、どこまで行っても、果てしない道のりがあるだけです。

二十世紀の初め、相対性理論をたった一人で構築し、それまでのニュートン力学の世界観を全く変えてしまった天才物理学者、アインシュタインも、

深く探求すればするほど、知らなくてはならないことが見つかる。
人間の命が続く限り、常にそうだろうとわたしは思う。（アインシュタイン）[*38]

と言っています。

そんな、どこまで行っても達成できないものは、人生の目的ではありません。どれだけ求めても、死ぬまで求まったということはないのです。死ぬまで心からの満足はないということです。

そんな、**完成のないものを生きる目的と思っているから、どこまで行っても、人間に生まれてよかったという生命の歓喜がない**のだと、仏教では教えられています。目的と手段の違いが分からず、果てしのない生き方や生きる手段を求めるだけでは、これまで

出てきた偉人たちのように、いかに世界的な功績を残しても、生涯、心からの満足ができない、ということになってしまうのです。

松下幸之助、徳川家康は、人生の大事業を成し遂げた、といえるのか

ところが仏教には、完成のある、本当の生きる目的が明らかにされています。それは、本当の仏教の教えを漢字四字で表した言葉が**「平生業成《へいぜいごうじょう》」**であることからも分かります。

「平生業成《へいぜいごうじょう》」は、仏教の教えを一言で表した言葉なのです。

旅行の時などに「今日は、皆さんの平生業成《へいぜいごうじょう》がよかったから、お天気に恵まれてよかったですね」と言うこともありますので、「平生業成《へいぜいごうじょう》」のことを、「平生の行い」と思われるかもしれませんが、そういう意味ではありません。

ではどんな意味かといいますと、**「平生」**とは、死んでからではなく、生きている時ということです。

生きている時というと、いつのことでしょうか。

平均寿命は八十歳とすれば、八十年間かというと、そうとも限りません。毎日交通事故でたくさんの人が死んでいます。その中には若い人もあります。「ではあなたは、あと一年確実に生きられますか?」と言われても、半年後に事故に遭うかもしれませんので、必ずしも生きられるとは限りません。では、明日まで絶対生きていられるかというと、絶対とは言い切れません。この後、車にひかれて即死したら最期です。

では、外へ出歩かないようにすれば、一時間後に生きているかというと、そうとも言い切れません。急性心不全で突然死する人もあります。これまで休みなく働き続けてきた心臓が、初めて止まった時が最期です。

こう考えていくと、「生きている時」というのは、今しかないことになります。ですから、平生とは、生きている今のことです。平生とは、八十年の一生はおろか、「生きていればそのうち」でもなければ、「またいつか」でもありません。今しかないのです。

次に「平生業成《へいぜいごうじょう》」の**「業《ごう》」**とは、事業の業の字をとって、仏教では「ごう」と読みます。人生の大事業のことです。

大事業といっても、松下幸之助がやった事業や、徳川家康の天下統一の事業などではありません。

松下幸之助は、小学校を中退して奉公に出て、働きながら夜学に通い、やがて松下電器を創業します。それを一代で世界的な企業に成長させ、「経営の神様」とまでいわれましたが、七十歳を過ぎて、こう言っています。

いくつになってもわからないのが人生というものである。

（松下幸之助）＊39

自らの才能と努力で世の中に貢献し、あれだけやっても、これで人生の大事業を成し遂げたと、人生に満足することはないのです。

また、徳川家康も、晩年、このように述懐しています。

人の一生は重荷を負て遠き道をゆくが如《ごと》し。

（徳川家康）

「人の一生」というのは、もちろん徳川家康自身の一生です。「この家康の一生は、重荷を背負って歩き続けるようなものだった」ということです。

家康は、生まれつきの将軍だったわけではありません。今川義元の人質から、才能と努力で頭角を現し、ついには天下を統一、征夷大将軍《せいいたいしょうぐん》となり、徳川三百年の基礎を築いたのです。ところが、それほどのことをやっても、「重荷を負て遠き道をゆくが如《ごと》し」。「重荷」とは、苦しみのことですから、一生涯、苦しみはなくならなかったと言っています。

私たちの人生にも、その時、その時に応じて、小さな目標は無数にあります。中学生の時は、高校入試に合格することを目標とします。高校では、中間テストや期末テストを目標にして頑張ります。就職すれば、毎月のノルマに向かって頑張ります。その合間に、英会話をマスターしようとか、資格を取ろうと頑張ります。そして、結婚、子育てと、とりあえず今はこれを目指すという小目標が次々とやってきます。

徳川家康は、そんな目の前の小目標を求め続けるうち、ついには、天下統一まで果たしたのに、重荷は下ろせず、苦しみはなくならなかった、と言っています。さらに、征夷大《せいいたい》将軍《しょうぐん》になっても、徳川幕府を開いても、果てしなく歩き続けなければならなかったと言っています。それが人生の目的ではなかったということです。

「平生業成《へいぜいごうじょう》」の「業《ごう》」でいわれる、人生の大事業は、そんな目の前に次々現れて、死ぬまでキリがない目標でもなければ、果てしなく完成のない事業でもありません。「これで達成した」ということのある人生究極のゴールであり、人生の目的のことです。

最後に「平生業成《へいぜいごうじょう》」の**「成《じょう》」**とは、完成する、達成するということです。そんな、果てしのないものでもなければ、あれが完成だったのかなと思うようなものでもありません。ハッキリとした完成がある、ということです。

ですから、「平生業成《へいぜいごうじょう》」とは、

「人生には、これ一つ果たさなければならない、という大事な目的がある、それは生きている今、完成できる。だから早く完成しなさいよ」

ということです。仏教には、そんな完成のある本当の生きる目的が教えられているのです。

ところがそんな人生の目的は、これまで、仏教以外のどんな哲学、文学、心理学でも、いまだに分かっていないのです。

3章まとめ

- 生きる意味について、よくある七つの間違い

  1 生きるために生きる
  2 成長するために生きる
  3 他の誰かのために生きる
  4 愛のために生きる
  5 自己実現のために生きる
  6 生きたあかしを残すために生きる
  7 生きること自体が大事

- このような、完成のない趣味や生きがい（生きる手段）を、「生きる目的」と思って求め続けているから、人間に生まれてよかったという生命の歓喜がないのだと仏教で説かれています。

- 仏教の教えを一言で表すと「平生業成」。生きている「平生」に人生の大事業が完成できると、完成のある生きる目的が説かれています。

4章

「生きる意味」は、一流の文学者、心理学者、哲学者でも分からない

悲劇の人生で終わらないために、本当の「生きる意味」を知ることが必要

三章の「生きる意味について、よくある七つの間違い」から、ますます明白になってきたように、果てしなく求め続けなければならないものでは、本当の生きる目的とはいえません。また、死んでいく時に、光を失い、無意味に思えてしまうものでもいけません。そんなものを目的と思い込んで一生を費やしてしまえば、悲劇の人生になってしまいます。

そうならないためには、この本当の生きる意味を知ることが、ぜひとも必要です。

ところが十九世紀後半から二十世紀前半のドイツの社会学者、マックス・ウェーバーは、すでに学生に対する講演の中で、「生きる意味」は、学問によって論証できるものではないと言っています。

この世界が何かしら「意味」をもつものであるかどうかということ、更にこの世界のうちに生きることが果《はた》して意味あることであるかどうかということ――これに到《いた》ってはもとより論証の限りではない。これらはすべて問題外とされるのである。

（マックス・ウェーバー）*40

それでも、すでに少し触れたように、かつての文学者や心理学者、哲学者たちの中には、この問題に答えを出そうと懸命に取り組んだ人たちも数多くあります。そういった知識人たちでも、誰一人「生きる意味」は分からなかったのでしょうか？

豊かな感性で人生を描き出す文学者の言葉

◆夏目漱石

例えば夏目漱石《なつめそうせき》は、若い頃から「腹の中は常に空虚」で、人生の目的を探求していました。学習院での学生に対する講演で、若い頃の心境をこう言っています。

私はこの世に生《うま》れた以上何かしなければならん、といって何をして好《よ》いか少しも見当が付かない。

（夏目漱石[*41]）

やがて、人まねではなく、自分らしく生きることを発見して、少しは落ち着いて作家として活躍し始めるのですが、自分らしく生きたところで、そうやってどこへ向かって生きるのかという、生きる目的は分かりません。

中期の『夢十夜』という作品には、どこに行くのか分からない船に乗って心細くなっている様子が描かれています。

どこへ行くのか分からないのに、周りの人は星を見て天文学の話をしたり、サロンで歌ったりしていますが、行き先は気にしていないようです。やがて行き先が分からないまま進んでいくことがますますつらくなって、ある晩、海に飛び込みます。そして最後は、

無限の後悔と恐怖とを抱いて黒い波の方へ静かに落ちて行った。

（夏目漱石[*42]）

とこの作品は終わります。
晩年の『行人』でも、目的も手段も分からないと苦しみ、『硝子戸《がらすど》の中《うち》』では、

今まで書いた事が全く無意味のように思われ出した。
（夏目漱石）*43

と言っていますから、ついに最後まで、この疑問は解けなかったようです。

◆芥川龍之介

その門下の一人、芥川龍之介《あくたがわりゅうのすけ》も、『蜘蛛《くも》の糸』『杜子春《とししゅん》』などの名作を残し、天才といわれた作家ですが、やはり生きる意味は分からなかったようです。自伝的作品『或阿呆《あるあほう》の一生』に、長男の誕生を、こう嘆いています。

なんのためにこいつも生まれて来たのだろう？　この娑婆苦《しゃばく》の充《み》ち満《み》ちた世界へ。
（芥川龍之介）*44

自分が生きる意味が分かっていれば、子供にも教えれば生きる意味は分かるはずです。子供の生きる意味が分からないということは、やはり自分の生きる意味も分からないのです。最後は、

「将来に対するただぼんやりした不安」＊45

によって自ら命を絶ってしまいました。このように、生きる意味が分からず、中には自殺してしまう人さえあるのです。

◆太宰治

太宰治《だざいおさむ》もそうでした。

大地主の家に生まれ、東京帝国大学に入学。三十八歳の時、没落していく上流階級を描いた代表作『斜陽』がヒットし、人気作家になります。

ところがそこには、このように書いています。

> 生まれて来てよかったと、ああ、いのちを、人間を、世の中を、よろこんでみとうございます。（中略）

僕は自分がなぜ生きていなければならないのか、それが全然わからないのです。

（太宰治[*46]）

そして翌年、遺作となった『人間失格』を残して自殺してしまうのです。

◆武者小路実篤

『友情』『愛と死』などの著作で知られる武者小路実篤《むしゃのこうじさねあつ》は、『人生論』を著しますが、その冒頭で、もっと明確に書き残しています。

人間は何の目的で生まれたのか。また何か目的があって自然は人間を生まれるようにしたのか。僕にはそれはわからない。

（『人生論』武者小路実篤[*47]）

こうして人生の特徴や、いかに生きるべきかという生き方が論じられますが、生きる目的には触れられません。

◆五木寛之氏

現代の日本でも同じです。作家、五木寛之氏は、『人生の目的』という本の中で、このように宣言しています。

> 人生に目的はあるのか。
> 私は、ないと思う。何十年も考えつづけてきた末に、そう思うようになった。
> (『人生の目的』五木寛之*48)

人生の物語を書きつづり、多くの人に共感を与えてきた人気作家であっても、何十年と考え続けた末、人生の目的は分からなかったのです。

◆アントン・チェーホフ

海外の文学者でも変わりません。モスクワ大学医学部を卒業しながら、作家となり、当時の文学界に大きな影響を与えた十九世紀のロシアの小説家チェーホフは、自分の生存の意義や目的を知ろうとしたって、なんにも教えられはしません。教えられることといったら、どれも、つまらないばかげきったことばかりで、いくらむちゅうになってたたいてみたところで——とびらは開かれはしないのです。死が近づいてくるだけなのです。

（チェーホフ）[*49]

と書いています。

◆アルベール・カミュ

二十世紀フランスのノーベル賞文学者アルベール・カミュは、こう言います。

こんにちの労働者は、生活の毎日毎日を、同じ仕事に従事している。その運命はシーシュポスに劣らず無意味だ。

（カミュ）[*50]

シーシュポスというのは、ギリシャ神話で、山の上まで岩を持ち上げなければならない刑罰に処せられている人のことです。ところが頂上まで来ると、岩は転がり落ちてしまい、また最初から持ち上げなければなりません。これを永遠に繰り返すのがシーシュポスの運命です。石を積んでも崩れてしまい、それを無限に繰り返す「賽《さい》の河原《かわら》」のようなものですが、毎日、同じ仕事を繰り返す現代人の運命は、それと同じように無意味なものだといっています。

◆ウィリアム・シェイクスピア

歴史上、最も優れた文学者の一人といわれるシェイクスピアも、その人生観を、このように作品に残しています。

人間なんてうろちょろする影法師、あわれな役者だ、自分の出番だけ舞台に出て、どたばたやるが、それっきり消えてしまう。人生はうす馬鹿のたわごとさ、むやみに泣いたりわめくだけでまるっきり無意味だ。

（シェイクスピア）*51

このように、豊かな感性で人生を描き出す、優れた文学者たちであっても、やはり生きる意味は分からないのです。

人間の心の専門家、心理学者の言葉

では、心理学者ならどうでしょうか。人間の心のはたらきを解明し、心の不調を取り去ろうとする心理学者なら生きる意味も分かるのではないでしょうか。

◆ジークムント・フロイト

心理学者といえばまず思い浮かぶのがこの人、精神分析の創始者、フロイトです。

ではさっそく人が生きる目的は何なのか聞いてみましょう。

> これまでに何度となく、人生の目的は何かという問いが問われてきたが、まだ満足できる回答を示した人はいない。
>
> （フロイト）*52

フロイトも人生の目的に関心を持っていたようですが、残念ながら、やはり分からなかったようです。

◆アルフレッド・アドラー

フロイトと並び称され、「アドラー心理学（個人心理学）」を創始した心理学者アルフレッド・アドラーは、『人生の意味の心理学』という本を著しました。

ところが、その冒頭で、

> 絶対的な人生の意味を持っている者は誰もいない。
> （アドラー）*53

と、早くも人生の意味を正面から明らかにすることを断念しています。

◆ヴィクトール・フランクル

ところが、このフロイトとアドラーの二人に学び、人生に意味を見いだす「ロゴセラピー」を創始したヴィクトール・フランクルは、「人生には無条件で意味がある」と唱えています。

フランクルの提唱する意味は、「やり残した仕事」か、「あなたを待っている誰か」の二つです。

「えっ！ じゃあ私の生きる意味は何ですか？」と聞くと、さしものフランクルもこう答えます。


ロゴセラピストといえども患者に、その意味がいったい何であるのかを告げることはできない。

（ヴィクトール・フランクル）*54

◆ミハイ・チクセントミハイ

ハンガリー出身のアメリカの心理学者、チクセントミハイは、時間を忘れて物事に熱中する、フローの概念を提唱しました。

ところが、それによって一時的には意味を感じられても、人生全体としては、何に熱中すれば意味があるのかは分かりません。

我々に「ここに君が人生を捧《ささ》げるに値する目標がある」などと教える者は
どこかにいるというわけではない。
（チクセントミハイ[*55]）

このように、最も著名な心理学者たちでさえ、生きる意味は分からないのです。

生涯かけて真理を探究した哲学者の言葉

では、真理を探究し、人生についてひときわ深く考えているであろう哲学者はどうでしょうか？

西洋哲学は、二千年の歴史があるようでいて、それほどずっと考え続けてきたわけではありません。古代のギリシャ・ローマの哲学の後、中世といわれる五世紀から十五世紀までの約千年間、思想上はキリスト教に支配されていました。これを暗黒時代といわれます。哲学者たちは、地球や人間を創造したという神を中心として「人は、神の目的のために生きている」と教えるキリスト教の体系を作るのに苦心しており、それ以外の知的活動はほとんどありませんでした。それでもやがて、十五世紀を中心としてギリシャ・ローマの文化を復興しようという「ルネサンス」が起こり、十六世紀には、富と権力で堕落した教会に対して宗教改革が行われます。十七世紀に入ってようやく、フランスの哲学者デカルトが「我思う、故に我あり」と言って、思想の中心が神から人間の理性に移り始めます。これが近代哲学の出発点といわれ、生きる意味も問い直され始めます。

その後、十八世紀には産業革命が起こり、十九世紀にはダーウィンが進化論を唱え、科学の進歩と入れ替わるように、キリスト教の権威は衰え続けます。

現在では、ヨーロッパでも、もはや帰属意識や信仰はかなり消え、「神」の存在を信じる人のほうが少数派となっています。

「神」は、たしかにというよりは「多分」存在するものであり、キリスト教の柱である個人的な「神」の存在を信じる人は、ヨーロッパ人の三八パーセントにすぎず、祈りは有効で「ありうる」が、それ以上ではない。

（『人類の宗教の歴史』フレデリック・ルノワール）*56

このように、何百年もかけてゆっくりとキリスト教が崩壊し、西洋哲学でも近代になってようやく、人生の意味を考え始めたのですが、そう簡単には分かりません。

生きる意味が分からないまま、大きく依存していたキリスト教の権威を失い、虚無主義に陥《おちい》ってしまいます。

◆フリードリヒ・ニーチェ

例えば十九世紀後半「神は死んだ」と宣言したドイツの哲学者、ニーチェは、こう言っています。

> 人間の存在はぶきみであり、依然として意味がない。
>
> （ニーチェ）*57

◆藤村操

そんな西洋哲学を、東京大学の前身、旧制一高で学んでいた藤村操《ふじむらみさお》は、華厳の滝に身を投じ、自殺してしまいます。

自殺の動機は「巌頭《がんとう》の感」として、次のように滝の上の木に刻んでありました。

悠々たるかな天壌、
遼々《りょうりょう》たるかな古今、
五尺の小軀《しょうく》をもってこの大をはからんとす。
ホレーショの哲学ついに何らのオーソリチィーを価するものぞ。
万有の真相はただ一言にしてつくす。
曰《いわ》く「不可解」。
我このうらみを懐《いだ》いて煩悶《はんもん》、ついに死を決するに至る。

（巌頭の感）

「悠々たるかな天壌、遼々《りょうりょう》たるかな古今」とは、この大宇宙の大きさと、歴史の長さに思いを馳《は》せると、なんと壮大なことか、ということです。
「五尺の小軀《しょうく》をもってこの大をはからんとす」とは、その無限の広がりを持つ世界の真理を、身長百五十センチメートル程度の小さな私が、かつて追い求めようとしたということです。

藤村操《ふじむらみさお》は、西洋哲学を学び、それによって真理を探究していたのですが、自分が学んだ西洋哲学は、何のオーソリティー（権威）にもあたいしない、この世の真理を見いだそうにも役に立たないものだということです。

「万有の真相はただ一言にしてつくす。曰《いわ》く不可解」とは、この世の真理は、「不可解」の一言だ、ということです。

こうして、なぜこの世に生まれ、生きているのか、藤村操《ふじむらみさお》は西洋哲学を通して死ぬほど考えても分からず、煩悶《はんもん》の末、ついには自ら命を絶ってしまったのです。

◆ジャン＝ポール・サルトル

その後の哲学者も同じです。ノーベル賞を辞退したことで知られる二十世紀のフランスの哲学者サルトルは、その代表作『存在と無』の中で、やはり、

> 人間は一つの無益な受難である。
>
> （サルトル）*58

と結論づけています。

◆フィリッパ・フット

現代においても、アメリカのクリーブランド大統領の孫で、カリフォルニア大学で長年哲学の教授をしていた倫理哲学者、フィリッパ・フットは、

> 現存の哲学者であれ、過去の哲学者であれ、この観念（命に価値があること——著者注）を説明できた人を私は知らない。（フィリッパ・フット）*59

と、『道徳的相対主義』に書いています。

きちんと論理的にものを考える哲学者には、今もって人生に価値があるとは言えないのです。

◆トマス・ネーゲル

ハーバード大学で博士号を取得した哲学者トマス・ネーゲルは「人生の意味」と題して様々な考察を巡らした最後に、人生に意味がないのは当然として、次のような、さらなる可能性も考えています。

つまり、人生は単に無意味であるだけではなく、不条理であるかもしれないのです。
（トマス・ネーゲル）[*60]

このように、人生について考え、生涯をかけて真理を探究している哲学者たちでさえも、人生に意味は見いだせないのです。

仏教では、二千六百年前から、「生きる意味」の答えを教えている

このような、きらめく才能を持った頭のいい人たちでも分からないということは、「生きる意味」は、そう簡単には答えられない、重い問題だと、おのずと感じてこられたことと思います。

このような一流の文学者、心理学者、哲学者でも分からないとすれば、生きる意味は、**この先、生きていけば、人生経験を積んでいくうちにいつか分かってくる、というこ**

とは期待できません。どれだけ頑張っても、これらの人たちの言うとおり、無益に苦しむだけの、不条理な人生になってしまいます。

ところが、そんな誰も分からない本当の人生の目的を、仏教では二千六百年前から教え続けられています。

例えば鎌倉時代の仏教書『教行信証《きょうぎょうしんしょう》』には、冒頭から、その人生の目的の答えを、

難度《なんど》の海を度する大船《たいせん》

（『教行信証』親鸞聖人）

と、海と船に例えて教えられています。

「難度《なんど》」とは、渡るのが難しいということです。私たちの人生を、渡るのが難しい海**「難度海《なんどかい》」**と言われているのです。

芥川龍之介《あくたがわりゅうのすけ》も、人が生まれたということは、何も知らずに、とにかく広い大きな海に投げ込まれ、泳がなければならないようなものだと例えています。

何のために生まれてきたのか、どこへ向かって泳げばいいのか分からず、苦しみ悩みの波だけが次々とやってきます。周り中、三百六十度見回しても空と海しか見えない海に放り込まれたら、あなたならどういう気持ちになるでしょうか？

手当たり次第にとにかく泳いでしまうと、頑張れば頑張るほど、早く体力を消耗して、土左衛門《どざえもん》になるだけです。

そこで周りを見渡してみると、この難度海《なんどかい》には、丸太や板切れが浮いています。苦しみ悩みの波は絶え間なくやってくるので、とりあえず近くに見える丸太や板切れに向かって泳ぎます。ようやくすがりつくと、その時は、やれやれと安心するのですが、それらは浮いたものですので、やがて、くるっと引っ繰り返って塩水をのんで苦しみます。

そうすると「これは丸太や板切れが小さかったからいけないのではないか」と思って、もっと大きな丸太や板切れを求めて泳ぎます。やがて努力の末、もっと大きな丸太や板切れにすがるのですが、やはり浮いたものですので、大きな波が来ると、くるっと引っ繰り返って塩水をのんで苦しみます。

どこへ向かえばいいのか分からない見渡す限りの大海原《おおうなばら》で、必死で丸太や板切れを求め、すがりつくたびに裏切られ、そんなことを繰り返しているうちに、最後は体力が尽きて土左衛門《どざえもん》になってしまうのです。

この丸太や板切れが何を表しているのかというと、これが、趣味や生きがいであり、三章で見た仕事や愛であり、政治や経済、科学、医学のような生きる手段です。

何かをたよりにし、すがらなければ私たちは生きられないのですが、浮いたものですから、やがて大きな波が来れば裏切られて苦しみます。生涯を捧《ささ》げた会社から、定年退職であっさりお払い箱になる人もあります。何十年のローンで建てたマイホームも、地震や津波で流されてしまう人もあります。命と信じて育てた子供に虐待され、老人ホームに入れられて泣く親もあります。

そして次の支えを求めて生きるのです。そうやって少しでも楽になるように、長く生きられるように、何かを当てにして信じて生きているのですが、毎回のように裏切られ続け、最後、力尽きて死んでいかなければならないのです。

これが私たちの人生のすがただとすれば、まさに渡るのが難しい苦しみの海のようなものが人生だといえましょう。

ところが、『教行信証《きょうぎょうしんしょう》』には、その難度海《なんどかい》で溺れ苦しんでいる私たちを、明るく楽しく渡す大きな船**「難度《なんど》の海を度する大船《たいせん》」**があるぞと説かれています。

苦しみ悩みの絶えない人生の海を、明るく楽しく渡す大きな船があるから、早くその船に乗りなさい、この船に乗ることこそが人生の目的だ、ということです。

これは、約二千六百年前、釈迦《しゃか》が仏のさとりを開かれて、さとりの智慧《ちえ》で明らかにされたもので、丸太や板切れとは全く異なる、本当の人生の目的です。

では、釈迦《しゃか》はどうして、この人生の答えを見いだされたのでしょうか？

なんとそれは、あなたと同じ悩みが出発点だったのです。

現代日本とは、時代も場所も、はるかに隔てるその当時、釈迦《しゃか》は、一体どんなことに悩まれたのでしょうか。

4章まとめ

● 「生きる意味」と趣味や生きがいの違いを理解すればするほど、本当の生きる意味は分からなくなります。一流の文学者、心理学者、哲学者でも分かりませんでした。

● では、人生は無意味に苦しむだけの不条理なものなのでしょうか？
鎌倉時代の仏教書『教行信証』には、

「苦しみの絶えない人生の海を明るく楽しく渡す大きな船『難度の海を度する大船』がある。この船に乗ることこそが、本当の生きる目的だ」と説かれています。

● 釈迦が、この人生の答えを見いだされた出発点は、あなたと同じ悩みからでした。一体どんなことに悩まれたのでしょうか。

5章

ハイデガー、ユング、アインシュタイン……二十世紀を代表する知識人が、仏教の素晴らしさに驚いている

釈迦は若い頃、あなたと同じことに悩み、本当の「生きる意味」を発見した

二千六百年前、インドで活躍された釈迦《しゃか》は、どうして本当の生きる目的を発見することができたのでしょうか。それは、釈迦《しゃか》が若い頃、あなたと同じことに悩まれ、それを解決されたことによります。

それは、一体どんなことがあったのでしょうか。このように語り継がれています。

◆カピラ城の太子として誕生

約二千六百年前のインド。

浄飯王《じょうぼんおう》と、マーヤー夫人という妃が住んでいたカピラ城に、釈迦《しゃか》は太子として生を受けました。二人には長い間、子供がありませんでしたが、「もう子供はできないかな」と思

っていた頃、マーヤー夫人は身ごもりました。出産のため、隣国の実家に帰ろうと、ルンビニー園という花園に差しかかった時、産気を感じ、出産したといわれます。その時あたかも四月八日、ルンビニー園には一面花が咲き誇っていました。今日でも、四月八日を花祭りといって祝っています。

よく花祭りに行くと、天地を指された、生まれたばかりの釈迦《しゃか》に、ひしゃくで甘茶をかけるなどします。

釈迦《しゃか》はお生まれになった時、右手で天を、左手で地を指され**「天上天下唯我独尊《てんじょうてんがゆいがどくそん》」**と言われたと説かれています。これはもちろん「この世で私一人が尊い」という意味ではありません。その本当の意味は、後で詳しくお話しいたします。

さて、マーヤー夫人は、もう実家へ帰る必要がなくなったので、もと来た道をカピラ城へと戻っていきました。ところが、産後の経過が悪かったのか、一週間後に亡くなってしまいます。浄飯王《じょうぼんおう》は、最愛の妻を亡くした悲しみもありましたが、もう無理かと思っていた跡取り息子ができたということには、大喜びでした。浄飯王《じょうぼんおう》は、その子を「悉達多《しったるた》」と名づけて、とてもかわいがります。

やがてかわいがっているうち、「見れば見るほど賢そうだ。さては将来、大物になるに違いない、どんな立派な人物になるのだろう」と思い、当時、国一番の占い師・アシダ仙人を城へ呼び、聞いてみることにしました。

やがて王様の前にやってきたアシダ仙人、じーっと悉達多太子《しったるたたいし》を見つめると、はらはらと涙を流し始めます。

知り合いに自分の子供を見せて、急に泣きだされたとしたら、一体何ごとかとびっくりします。浄飯王《じょうぼんおう》も激怒して、「このめでたい席で不吉な涙を見せるとは何ごとか。事と次第によっては許さん」と、剣に手をかけました。

アシダ仙人は、このように語りました。

「これはこれは申し訳ございませんでした。私が見たところ、太子様は一目で、ただ人ではないと分かりました。将来は、全世界を支配する伝説の転輪王となられるか、無上のさとりを開かれる仏陀《ぶつだ》となられましょう。いずれにしろ、二度とこの世に現れないようなお方です。しかも、どちらかといえば私には、仏陀《ぶつだ》となられるように感じます。ところが私はもう老いの身、この方が将来、無上のさとりを開かれて、真実の教えを説かれる頃には、もうこの世におりますまい。そんな尊い方を目の前にしながら、その真実が聞けないとは、なんと残念なことかと、涙せずにはいられなかったのです」

それを聞いた浄飯王《じょうぼんおう》は、「なんだ、そういうことであったか」と、大変満足しました。「それなら、ぜひとも転輪王になってほしい。よし、早いうちから、その教育を始めよう」と、心に決めたのです。

◆幼い頃からスポーツ万能、勉強もトップ

やがて浄飯王《じょうぼんおう》は、悉達多太子《しったるたたいし》が幼いうちから、当時国一番の学者であったバッダラニーと、国一番の武芸の達人・センダイダイバーの二人を家庭教師につけて、英才教育を始めます。今でいえば、ノーベル賞を受賞した学者と、オリンピックレベルのトップアスリートを家庭教師につけたようなものです。

ところがしばらくすると、バッダラニーが突然、「王様、どうか辞めさせてください」と言ってきました。

浄飯王《じょうぼんおう》は驚いて、「どうした、何か太子がいたずらでもするのか？」と言うと、バッダラニーは、「いえいえ、王様、とんでもないことでございます。太子様は、大変真面目に学んでおられます。そのうえ、一を聞いて十を知り、十を聞いて百を知る大変聡明《そうめい》なお方です。ところが最近は、何か私の知らないことまで知っておられるようで、太子様のご質

問にもお答えできなくなってまいりました。もう私には教えることは何もありませんから、どうか辞めさせてください」と言います。

浄飯王《じょうぼんおう》は、「まあ、それならしかたないか」と辞めることを許しました。

またしばらくすると、「ついでに私も辞めさせてください」と、今度はセンダイダイバーがやってきました。

「一体どうした？」

浄飯王《じょうぼんおう》が尋ねると、「実は私、武芸全般に秀でる中にも、特に弓においては達人だといわれているのですが、そんな私でも、百回射れば一発は外します。ところが、太子様は百発百中、すべてど真ん中を射貫かれる。乗馬をしても、私は息切れしながらやっとやっと乗りこなしますが、太子様はどんな暴れ馬も乗りこなされる。もう教えることは何もありません。どうか辞めさせてください」と言います。

それを聞いた王様は、「まあ、そういうことならしかたがない」と、辞めさせることにしました。

そのため太子は、一人で学問に励み、武芸の鍛錬をされるようになったのです。

◆何かに悩み始めた太子

ところが成長するにつれ、太子は物思いにふけられるようになりました。浄飯王《じょうぼんおう》は、アシダ仙人が言っていたことを思い出し、心配になってきます。何度も理由を尋ねるのですが、憂鬱《ゆううつ》な太子は黙って何も答えません。

そこで浄飯王《じょうぼんおう》、

「太子もそろそろ年頃だし、きっとお嫁さんが欲しいのだろう」

と、妻をめとらせることにしました。

こうして悉達多太子《しったるたたいし》は十九歳で、国一番の美女といわれたヤショダラ姫と結婚します。

すると、さすがの太子も、明るくなったのですが、それも、しばらくの間だけでした。

やがて子供が生まれると、太子は「ラーゴーラ」と名づけ、また憂鬱《ゆううつ》な生活に戻ってしまいました。

「ラーゴーラ」とは「束縛者」という意味です。子供が生まれると、自分がやりたかったことを我慢して、お金と時間を使って子供を育てるので、束縛されて苦しみますよ、ということかもしれません。

浄飯王《じょうぼんおう》は、太子から「無上のさとりを得たい」という望みをなくさせなければなりません。

「一体何を悩んでいるのだろう。金か、おいしい食べ物か」

みんなが欲しがる物を次々与えてみますが、何を与えても、太子の顔色は晴れません。

「そうだ、美女が一人では足りないのかもしれん」

浄飯王《じょうぼんおう》は何とか太子を明るくしてやりたいと、季節ごとに、いちばん快適に過ごせるような四季の御殿を造らせ、そこに五百人の美女をはべらせました。豪邸で、毎日おいしい物を食べ、仕事もなく、ずっと遊んで暮らせばいいだけです。

これはかなりうらやましいのではないでしょうか？

浄飯王《じょうぼんおう》はこうして、誰もが望む、ありとあらゆるものを与えていくのですが、太子の悩みは、全くそんなことではなかったので、心は少しも晴れませんでした。

一体、太子の悩みはどこにあったのでしょうか？

◆四門出遊──大きな衝撃を与えた事件

悉達多太子《しったるたたいし》が思い悩むようになったのは、かつて、初めて城の外の世界を見た時の衝撃からでした。

　最初、東の門から外に出てみました。すると、そこには今まで見たこともないような人が、よろよろと歩いていました。肌はしわより、腰は曲がり、杖《つえ》をついています。

　おつきの者に、

「あれは一体、何者だ？」

と尋ねると、

「あれは老人でございます」

「老人とは何か」

「はい、人は年を取ると、あのような老人になるのでございます」

「何⁉　それは王でもなるのか」

「はい、申し訳ございません。王様といえど、年を取れば、必ずあのように老人にならなければなりません」

　これを聞いた悉達多太子《しったるたたいし》は、ショックでその日は元気をなくし、城へ帰ってしまいました。

　しばらくたって城の南の門から出てみると、またもや、見たことのない人が、むしろの上に横たわっていました。体はがりがりにやせ細り、うめき苦しみながら、虚空をかきむして苦しんでいます。

「あれは一体、何だ」

「はい、あれは病人でございます。人は老い、必ずあのように病にかかって苦しまなければなりません」

「何⁉　それは王でもか」

「はい、申し訳ありませんが、王様といえども、やがて病にならなければなりません」

またもやショックを受けた悉達多太子《しったるたたいし》は、外へ出る元気をなくして城の中へ帰ってしまいました。

やがてまたしばらくして西の門から出ると、また見たこともない人が運ばれていくのを目撃しました。骨と皮ばかりにやせ細り、全く動かなくなった人が、悲しそうにすすり泣いている人たちに囲まれて、ゆっくりと運ばれていきます。今でいう、葬式の行列でした。

「あれは一体、何だ？」

「はい、あれは死人でございます」

「死人？　何だそれは」

「はい、人はやがてあのように、必ず死んでいかなければなりません」

「何⁉　それは王でもか」

「はい、申し訳ありませんが、王様といえども百パーセント死んでいかなければなりません」

これを聞いた悉達多太子《しったるたたいし》は、今までで一番の大きなショックを受けて、もはや外へ行く元気はなく、そのまま城へ帰ってしまいました。

それからまたしばらくして、今度は北の門から出てみると、そこには、老いと病と死の問題を解決しようと修行している修行者がいました。

それを見た悉達多太子《しったるたいし》は、内心、まさに人生は、老いと病と死の問題を解決しなければ、大変なことになると思ったのです。

普通なら「今さえ楽しければいいや」と思って、そこまで考えないのですが、よく考えてみると、すぐに消える、一時的な幸せでは、誰も満足できません。そして**人生はあっという間に過ぎ去り、老い、病にかかり、死んでしまったら一切の幸せが崩れてしまいます。**

このことは、人生を真面目に見つめないと、なかなか起きてこない悩みです。幸せが崩れてから、それに苦しみ悩む人はあるでしょうが、悉達多太子《しったるたいし》は、幸せが崩れてからではなく、まだ若く、能力もあり、欲しい物は何でも手に入る幸せな時に、人生の本質を見抜かれたのです。

あなたも、悉達多太子《しったるたたいし》の気持ちが分かるのではないでしょうか？

やがてついに、この太子の悩みが浄飯王《じょうぼんおう》にも分かる時がやってきます。

◆太子の三つの願い

ある日、悉達多太子《しったるたたいし》が改まって浄飯王《じょうぼんおう》の前にやってくると、突然、手をついて、

「私をこの城から出させてください」

と平伏しました。

浄飯王《じょうぼんおう》は驚いて、

「四季の御殿も建ててやったし、五百人の美女もはべらせた。毎日、おいしい物を食べて遊ぶだけなのに、一体、何が不足でそんなことを言うのか？」

と尋ねると、頭を上げた太子、

「お父さん、実は私には三つの望みがあります。それさえかなえてもらえるなら、城を出なくてもかまいません」。

真面目な表情で、初めて、その悩みを打ち明けました。

「なんだ、望みがあるなら、できる限りかなえてやるから、早く言ってみよ」

浄飯王《じょうぼんおう》がうながすと、太子は、こう言っています。


「一つめの願いは、いつまでも今の若さで年老いないことです。

二つめの願いは、いつも達者で病気で苦しむことのないことです。

三つめの願いは、死なない身になることです」

それを聞いた浄飯王《じょうぼんおう》、残念そうに、

「それはな、どんな権力をもってしても、どうしようもないことなのだ。年を取れば、病気になるし、やがては死んでいかなければならないのだ」と優しく言い聞かせます。

それでも太子は「それが私の悩みなんです。老・病・死、これが解決されなければ、何のために生まれてきたのか分かりません。死ぬために生きているようなものです。これを解決するために、何とか城を出させてください」

と、すがるようにお願いします。

「それは、どんな人でも避けられないことだから、あきらめて私の跡を継いではくれないか……」

太子の一生懸命な様子を見た浄飯王《じょうぼんおう》は、城を出るのはもうしばらく待つように言って、悲しそうにその場を立ち去ったのでした。

◆ついに真実の幸福を求めて城を出る

それからの太子は、いつになれば城を出ていいのかはっきりしないまま、それまでと同じ毎日を繰り返していました。しかし、どんなに健康や財産、地位、名誉、妻子、才能などに恵まれていても、やがてすべてに見捨てられる時が来ます。どんな幸福も続かない人生のすがたを知ってしまった悉達多太子《しったるたたいし》は、もはや心からの安心も満足もできませんでした。

「どうすれば、崩れない本当の幸せになれるのだろう?」

太子の、真実の幸福を求める気持ちは、日に日に強くなっていきます。

やがて、ある日の夜中、悉達多太子《しったるたたいし》は四季の御殿で目を覚まされました。

そこに太子は、昼間は美しく着飾って踊っていた女たちが、みっともない姿で寝ているのを見つけたのです。太子は大きく幻滅し、深く後悔しました。

「ああ、何ということか……。私はだまされていた！　これこそ本当の姿なのだ。こんなことをしている間に、もう結婚して十年が過ぎ、あっという間に二十九歳になってしまった。一体、何のために生まれてきたのか？　このままでは生きている意味がなくなってしまう」

悉達多太子《しったるたたいし》はもう誰にも言わず、カンタカという白馬に乗って城を出ていってしまいました。時に悉達多太子《しったるたたいし》、二十九歳の二月八日のことでした。

これを**「出城入山《しゅつじょうにゅうせん》」**といいます。

翌朝、城では、てんやわんやの大騒ぎです。浄飯王《じょうぼんおう》は、

「おまえら五百人もいて、一人も気づかなかったのか。何をやっていたんだ！」

と激怒すると、キョウチンニョという人物が、

「どうか私に太子様を探させてください」

と申し出ました。

「おお、探してくれるか」

喜んだ浄飯王《じょうぼんおう》は、キョウチンニョをはじめとする五人に、全国を捜索させます。

やがて一行は、ついに修行に打ち込んでいる太子を発見することができました。

そこでキョウチンニョは、探している間中、ずっと太子に聞いてみたかったことを、素直に告白します。

「太子様、私は世の中に、出家の動機は四とおりあると聞いています。

それは、長い病気の苦しみで喜びを見いだすことができない、老人になって体が動かず希望を失った、お金や財産を失い生活に困っている、家族を亡くして世をはかなんでいる、という理由です。

ところが、太子様はこの四つのいずれもあてはまりません。若くて健康。勉強も運動も抜群。お金ならいくらでも手に入る。ご家族は皆さん健在。なぜそれらの楽しみを捨てて、一衣一鉢《いちえいっぱつ》の姿で遠いさとりを求められるのでしょうか？」

それを聞いた悉達多太子《しったるたたいし》は、全く心が通じていないことがもどかしく、次のように一喝しています。

「そなたには、まだ分からないのか。あの激しい無常の嵐が、まだ分からないのか。

一切は続かないのだ。どんなに今は楽しくとも、やがて必ず衰え、滅んでいくのだ。

快楽の陰には、無常の響きがこもっていて、いつも不安をかきたてるではないか。

美女の奏でる音楽や、心を震わす歌声は、欲をもって人を惑わすのみだ。そんな刹那の快楽に心を奪われていたら、人生はあっという間に、夢のように幻のように消えてしまう。いつまでも若くありたいと思っても、歳月は矢のように過ぎ去って、老いと病と死によって、すべては滅びてしまうのだ。そんなことが、そなたにはまだ分からないのか！」

目の前のことしか見えていない時には、若さや健康、お金や家族といったものは、意味に満ちあふれているように見えるのですが、先のことまで考えると、やがて老いと病と死によって、すべて崩れ去ってしまいます。せっかく苦労してかき集めても、最後はすべて裏切られますから、人生全体として考えると、苦労の意味が全く分かりません。

王様の太子として生まれ、勉強も一番、スポーツ万能、欲しい物は何でも手に入り、国一番の美女と結婚して、将来の地位も名誉も約束されていた釈迦《しゃか》でしたが、やがて崩れてしまう続かない幸福では、本当の満足は得られないと知っておられたのです。

キョウチンニョたちも、「言われてみれば確かにおっしゃるとおりだ」と深く納得し、城へ帰ると浄飯王《じょうぼんおう》に、「太子様とともに修行させていただけないでしょうか」と願い出て、ともに修行に励むようになっています。

そして釈迦《しゃか》は、私たちが想像もできない厳しい修行を六年間なされ、ついに三十五歳の十二月八日、「仏」という最高のさとりを開かれたのです。

釈迦は一生涯、何を説いたのか

さとりといっても、低いものから高いものまで、全部で五十二の位があり「さとりの五十二位」といいます。その最高無上のさとりを「仏覚」とか、「無上覚」といわれます。

「仏」というのは、死んだ人のことではなく、この仏覚を開かれた方をいわれます。

三十五歳で仏のさとりを開かれた釈迦《しゃか》が、八十歳でお亡くなりになるまでの四十五年間、説いていかれた教えを、仏教といいます。

その教えは、今日、一切経七千余巻といわれるたくさんのお経として書き残されています。

釈迦《しゃか》は、一体、何を説かれたのでしょうか。

釈迦《しゃか》が仏教の内容を宣言されたのが、有名な、次の言葉です。

天上天下《てんじょうてんが》　唯我独尊《ゆいがどくそん》　三界皆苦《さんがいかいく》　吾当安此《ごとうあんし》
（釈迦）

「天上天下唯我独尊《てんじょうてんがゆいがどくそん》」といえば、よく陸橋の壁などにラッカーのようなもので書かれていたり、のぼりやTシャツに書いてあったりするのを見かけます。特に若者に人気の仏教の言葉です。

「さすがは仏教国・日本の若者、若い頃から仏教に親しんでいるんだなあ」と思いますが、ひょっとすると「この大宇宙で、俺だけがエラいんだ」という意味で使っている可能性もあるので、注意が必要です。なぜならそれは、とんだ誤解だからです。

これは、釈迦《しゃか》の言葉ですから、世界の三大聖人に数えられる釈迦《しゃか》が、自分で自分をエライなどと言われるはずがありません。

一般的に、もし「自分はエライ」と言っている人がいれば、ほぼそれは冗談です。本気で言うのは自惚《うぬぼ》れそのものですので、そんなことを口に出したら、謙虚さに欠ける、たいしたことのない人だと思われてしまいます。

昔から、

「実るほど　頭をたれる　稲穂かな」

という言葉があります。稲というのは、田植えの後、まだ若くて青いうちは、まっすぐ頭をそりかえらせて立っています。ところがだんだんと成長して、実りの秋が近づくにつれ、頭が重くなって、頭を下げるようになってきます。稲穂は実れば実るほど、頭をたれるものなのです。

人間でも、まだ若くて青いといわれる人に限って「自分はエライ」「自分ほどできる者は他にはいない」と自惚《うぬぼ》れているものです。それが、人間的に成熟して人格が形成されてくるほど、謙虚で腰が低くなり、人の意見に耳を傾ける度量の広さが出てきます。稲穂が実るほど頭をたれるように、人間も、立派な人ほど頭が低くなってくる、ということです。

このようなことは、普通の人でも、たいてい分かっていることですから、ましてや世界最高の偉人といわれるような釈迦《しゃか》が、「自分はエライ」などと言われるはずがありません。

では、「天上天下唯我独尊《てんじょうてんがゆいがどくそん》」とはどんな意味かといいますと、**「天上天下《てんじょうてんが》」**とは、天の上にも天の下にもということで、大宇宙広しといえども、ということです。

「唯我独尊《ゆいがどくそん》」の**「唯《ゆい》」**は、ただ一つの「ただ」です。

次に、この四字の中で、いちばん間違われているのが「我《が》」の意味です。

この**「我《が》」**は、私ということではなく、我々人間はということです。

釈迦《しゃか》自身のことは、後半に「吾当安此《ごとうあんし》」とあるように、ここでは「吾《ご》」という字が使われています。ですからこの「我《が》」は、私たち一人一人ということです。

「独《どく》」は、たった一つの。

「尊《そん》」は、尊い使命、尊い目的があるということです。

ですから、「唯我独尊《ゆいがどくそん》」は、ただ人間だけが果たすことのできる尊い使命、尊い目的があるということです。

「使命」とは、「命」を「使う」と書きますように、二度ない人生、たった一つの命を何に使えばいいのか、という人生の目的です。

ですから、「天上天下唯我独尊《てんじょうてんがゆいがどくそん》」とは、

「大宇宙広しといえども、ただ人間に生まれた時しか果たすことのできない、人生の目的がある。持てる命のすべてを使っても、果たさなければならない尊い使命がある。

そんな途方もない目的を持つ命だから、命は限りなく尊く、お金では買えない価値があるのだ。どんなに苦しくてもこの目的を果たすまでは、決してあきらめることなく、生き抜きなさいよ。必ずこの目的を果たし、人間に生まれてよかったという喜びの身になりなさいよ」

ということです。

次に**「三界皆苦《さんがいかいく》」**は、**「三界《さんがい》は皆苦なり」**と読みます。

「三界《さんがい》」は、いずれも迷いの世界ですが、「欲界《よくかい》」「色界《しきかい》」「無色界《むしきかい》」のことです。

「欲界《よくかい》」は、五欲のみで生きている世界です。

五欲とは、すでに六十四ページに挙げましたが、食欲、財欲、色欲、名誉欲、睡眠欲の五つの代表的な欲を仏教では五欲といいます。食べたい飲みたい楽がしたい、どうすれば楽に儲《もう》かるか、人から褒められるかと欲望のままに生きている世界です。

「色界《しきかい》」の「色《しき》」とは物質のことで、絵画や彫刻、文学などの芸術に生きる意味を求める世界です。やはり欲望を満たす快楽は、刹那的で続かないと分かると、芸術を求めたらいいのではないかと思います。ところがやはり芸術も生きる意味にならないことは、これまで見てきた、その世界の偉人たちの告白のとおりです。

「無色界《むしきかい》」は物質を超越した哲学や思想の精神の世界です。形あるものはいつかは滅びます。では形のない、精神的なことに生きる意味を見いだせるのではないかと考えますが、それでも本当の生きる意味はどこにも見つかりません。これまで見てきた哲学者たちが口々に言っているとおりです。三界《さんがい》はみな迷いの世界。刹那的な快楽を求めて生きている人も、芸術家も、哲学者も、生きる意味は分からないことに変わりはありません。「三界《さんがい》は皆苦なり」。どんな人の人生も苦しみである、ということです。

最後の**「吾当安此《ごとうあんし》」**とは、**「吾《われ》、まさにここに安《やす》んずべし」**と読みます。

「吾《ご》」とは釈迦《しゃか》のこと。「此《し》」とは三界《さんがい》のことです。「この釈迦《しゃか》は、この三界《さんがい》にいながら仏のさとりを開こう、そして、苦しみ悩む人々を本当の幸せに導こう」ということです。

「三界《さんがい》はみな苦しみの世界だから、ここでは幸せになれない、どこかへ出て幸せになろう」

というのではなく、

「この世で、人間にしか果たすことのできない尊い目的がある。それは、欲望の追求でも、芸術や哲学でもなく、生きている今、完成して、苦悩渦巻く人生が、人間に生まれてよかったという本当の幸せに生かされるのだ。そんなあまりにも尊い使命があるのだから、決して命をムダにしてはならない。ましてや自殺などしてはならない。どうか一人でも多くの人に知ってもらいたい」

というお言葉が、「天上天下《てんじょうてん》唯我独尊《がゆいがどくそん》　三界皆苦吾当安此《さんがいかいくごとうあんし》」です。

生まれてすぐに言葉をしゃべれる人はありませんが、このお言葉を釈迦《しゃか》がお生まれになった時におっしゃった、と説かれているのも「これから仏教にそれを説き明かすからよく聞きなさいよ」ということでありましょう。

仏教が西洋へ与えたインパクト　教えの素晴らしさに驚いた知識人たちの声

こうして釈迦《しゃか》は、一生涯、本当の生きる目的を説き続けていかれたのですが、釈迦《しゃか》がお亡くなりになった後も、仏教は、インドから中国、日本へと伝えられ、今日まで、多くの人々を、人間に生まれてよかったという本当の幸せに導いてきました。

近代になると、長くキリスト教文化の中にあった西洋にも、この釈迦《しゃか》が説かれた仏教が、少しずつ伝えられるようになっています。もちろん翻訳などいろいろの問題もあり、本当の仏教の教えは分からなかったようですが、それでも最近になって、初めて仏教の片鱗《へんりん》に触れ、その素晴らしさに驚く西洋の知識人たちの声が聞こえてきます。

例えばさきのドイツの哲学者ニーチェは次のように言っています。

仏教はキリスト教に比べれば、一〇〇倍くらい現実的です。

＊　＊

仏教は、歴史的に見て、ただ一つのきちんと論理的にものを考える宗教と言っていいでしょう。

（ニーチェ[*61]）

イギリスの著名な作家であり、歴史家としても世界の文化史を著したH・G・ウェルズは、仏教は、現代の思想と調和する、世界史上最も深遠な教えであることに、比較的早い段階で気づいています。

> 現在では原典の研究で明らかになったように、釈迦《しゃか》の根本的な教えは、明《めい》晰《せき》かつシンプル、そして現代の思想に最も密接な調和を示す。仏教は世界史上知られる最も透徹した知性の偉業であるということに議論の余地はない。
>
> （H・G・ウェルズ）[*62]

深層心理を研究し、ユング心理学を打ち立てた心理学者のユングも、釈迦《しゃか》を、

> 全世界にとって精神的な先駆者
>
> （ユング）[*63]

と言っています。

文明の興亡の観点から『歴史の研究』全十二巻を著し、二十世紀最大の歴史家の一人といわれる、アーノルド・トインビーも、仏教の重要性をこのように言っています。

仏教と西洋の出会いは、二十世紀のもっとも有意義な出来事である。
（トインビー）[*64]

もし私の理解が正しければ、これは私がすべての著作の中で言おうと試みたことだ。
（ハイデガー）[*65]

二十世紀最大の哲学者といわれるマルティン・ハイデガーは、仏教を知ると、

と言って、周囲を驚かせています。

しかもハイデガーの場合、「もし私の理解が正しければ」と前置きするところも、つつましい輝きを放っています。普通なら仏教を「きっとこんなものだろう」と自分に理解できる程度に低めてしまう人がほとんどですが、このような深さも知れない深い教えを、そう簡単に自分が理解できるはずがないと、仏教の底知れないすごさ、素晴らしさを感じ取

っていたのでありましょう。
科学の世界では、現代物理学の一つの柱である相対性理論をたった一人で構築し、二十世紀最大の天才科学者といわれるアインシュタインも、仏教に大きな期待を寄せています。

仏教は、近代科学と両立可能な唯一の宗教である。[*66]

＊　＊

現代科学に欠けているものを埋め合わせてくれる宗教があるとすれば、それは「仏教」です。[*67]

（アインシュタイン）

このように、欧米の知識人たちからたたえられ、人類の到達した最も偉大な教えといわれる仏教に、私たちが生まれてから死ぬまでに果たさなければならない本当の生きる目的、人間に生まれてよかったという本当の幸せになれる道が明らかにされています。
一体それはどのようなものなのでしょうか？

5章まとめ

●王様の太子として生まれられた釈迦は、幼い頃から健康、財産、地位、名誉、妻子、才能など、すべてに恵まれていました。

ところが、やがて老いと病と死によって見捨てられる人生の本質に気づきます。どんな幸福も続かないことを知らされて、二十九歳で変わらない幸せを求め始められました。

●やがて三十五歳十二月八日、仏のさとりを開かれて、どんな人も変わらない幸せになれる本当の生きる目的を発見されます。

八十歳でお亡くなりになるまでの四十五年間、苦しみ悩むすべての人をそこまで導こうと、教えを説き続けていかれました。それを今日、仏教といわれます。

●その仏教はインド、中国、日本と伝えられ、近代以降、欧米にも知られるようになり、二十世紀を代表する知識人たちから、その素晴らしさをたたえられています。

6章

「幸せに二つある」ことを
知らないから、
どんなに努力しても
幸福になれない

すべての人は、いつまでも変わらない幸福を求めている

人は一体、何のために生きているのでしょうか。

人生の目的を子供に聞くと、スポーツ選手になるためとか、ケーキ屋さんとか、よく将来の職業を答えます。ところが、仕事は生きる手段であって目的ではないことは、これまで見てきたとおりです。そうやって仕事をして生きていくのは何のためなのかは、問題にされていないのです。

十八世紀のドイツの哲学者カントは、世の中の親たちは、子供に生きる手段を教えることに熱心なあまり、生きる目的を教えることを忘れている、と著作の中で論じています。

確かに私たちは、人それぞれどんな仕事をして生きようかと、生きる手段ばかり考えて生きています。しかもそれは数え切れないほどたくさんあり、目的といってもそう簡単には

分かりません。ところがカントは、生きていくうえで、どんな手段を用いるにせよ、一つだけ、すべての理性的な人に共通すると思って間違いない目的があると言います。

> しかしながら、あらゆる理性的存在者において現実にありと前提しうるひとつの目的がある。したがって理性的存在者が単にもちうるのでなく、彼らは一人のこらず一種の自然必然性によって現にもっているときめてかかって間違いないひとつの意図がある。それは幸福を求める意図である。
>
> （カント）[*68]

つまり、私たちが、毎日生きているのは、結局、幸福を求めてのことだということです。世界中に大きな影響を与えた十九世紀のロシアの文豪トルストイも『人生論』の中で同じように、こう述べます。

> 人がまず最初に考える人生唯一の目的は、自分という一個人の幸福である。
>
> （トルストイ）[*69]

これは今も昔も変わりません。はるか二千年前のギリシャの哲学者たちもすでに論じていることです。哲学史上、多大な足跡を残したアリストテレスはこう言います。

> 幸福こそは究極的・自足的な或《あ》るものであり、われわれの行うところのあらゆることがらの目的であると見られる。
> （アリストテレス）[*70]

「自足的」というのは、それだけで足りないものは何もないことだとアリストテレスは説明し、幸福にはそういう性質があると言っています。

さらに「西洋哲学の歴史はプラトンの一連の注釈集である」[*71]といわれ、古代、中世、近世のすべての哲学者の中でも絶大な影響力を誇るプラトンは、**変わらない幸せこそ、万人共通の生きる目的であると**、その著『饗宴《きょうえん》』に論じています。

勉強するのも、働くのも、幸せになれると思うから

つまり、私たちが行っている行動は、「それは一体、何のためですか？」と聞いていく

と、どんな人でも、最後は「幸福になるため」に行き着くということです。これに異論を唱える人はないと思います。

受験生に勉強は好きか聞くと、どんなに成績がよくても、めったに好きだとは答えません。それでもなぜ勉強するのかというと、志望校に合格したほうが、幸せになれると思うからです。労働者に仕事は好きか聞くと、めったに好きだとは答えません。終了時間を心待ちに毎日仕事をしていると思います。それでもなぜ、苦しい労働をするのかというと、苦しくても働いた分の給料をもらったほうが、失業してお金がないよりも幸せだと思うからです。

それは勉強や仕事でなくても、趣味であっても同じですし、結婚するのも同じです。「この人と結婚したら必ず不幸になる」と思えば結婚しないはずです。「自分は苦しみを求める」という人でも、それによって向上したほうが、そのまま楽をしているよりも幸せだと思うからですし、はては、自殺する人でさえ、あまりの苦しさに、死んだほうが幸せになれると思って自殺するのです。

「人間は考える葦《あし》である」と言った、十七世紀のフランスの哲学者パスカルも、生きる手段は人それぞれでも、生きる目的はすべての人に共通して幸福だと言っています。

すべての人間は幸福になることを求めている。このことには例外がない。そのために用いる手段はいかに異なっていようとも、彼らはみなこの目的に向かっている。（中略）これは、あらゆる人間の、自ら首をくくろうとする人々にいたるまでの、あらゆる行為の動機である。

（パスカル）*72

このように、どうやって幸せになるかという方法や手段は人それぞれですが、結局は誰もが幸福を求めて生きているといえます。

ですから、古今東西の全人類の、共通した生きる目的は幸福だと一応はいえます。生きる手段は人それぞれですが、生きる目的は「幸福」になるため。そうなのです。ここまでは、昔からみんな分かっていたのです。ではあなたは、生まれてから今まで幸せを求めてきて、幸せになれたでしょうか？

それはあなただけではなく、人類はみな、何千年も昔から幸せを求めて努力してきたはずなのに、どうも幸せになれないようなのです。

> 不幸になるのは何もむずかしくない。ほんとうにむずかしいのは、幸福になることだ。
>
> (『アラン幸福論』アラン)*73

一体なぜ、幸福になりたくても、なかなかなれないのでしょうか?

すでに見てきたように、人類は何万年もの間、幸福を求めて努力を続け、この二百年では飛躍的な経済成長を遂げたにもかかわらず、心からの安心も満足もありませんでした。それどころか、経済のグローバル化と競争の激化で、さらなる成長を維持するために、かえって苦しんでいるかのようです。

私たち個人としても、生まれてこのかた、幸せを求めて生きてきたのに、なぜ幸福感が変わらないのでしょうか?

その根底にあるのは、幸福に二種類あることを知らないからです。

二種類とは、**「相対の幸福」**と**「絶対の幸福」**の二つです。

この二つは全く違うものなのですが、あなたがこれまで求めてきた幸福は、実はすべて「相対の幸福」であったのです。

お金、財産、地位、名誉……人と比べなければ喜べない「相対の幸福」

まず、「相対の幸福」というのは何かといいますと、比べて分かる幸福、比べなければ分からない幸福ということです。

例えば、テストで八十点だったとすれば、あなたは幸せでしょうか？

八十点なら合格点だから、まあよかろうと思っていたのに、クラスの平均点が九十九点で、全員らくらく満点だった、百点じゃなかったのは自分だけだったということが分かったとします。平均点が発表されるや、クラスに「えっ⁉　これ間違ったやついるの？」というどよめきが起きてしまったら……。八十点はかなり悔しい結果なのかもしれません。

逆にクラスの平均点が二点で、他の人が全員零点だとします。

「何だこの問題、こんなの解けるやついるのかよ。そいつ人間か？」という叫びが聞こえてきたら、八十点は、ひそかにうれしいかもしれません。

このように、八十点というのは、それだけではうれしいのか悔しいのか分からず、人と比べて分かるのです。このような比べて分かる幸福を、相対の幸福といいます。

これは、勉強に限らず、スポーツでもそうです。百メートルを十二秒で走ったらどうでしょうか。クラスでは一番でうれしいと思います。ところが、オリンピックではダントツビリで、全国中継されてしまったら、恥ずかしくて応援してくれた皆さんに顔向けできない可能性もあります。

収入でも同じです。毎月二十万円の収入があるとしたらどうでしょうか。あなたが小学生で、周りの友達はみんな二百円だとすれば、「お小遣いもらいすぎ！」と言われてしまうかもしれませんし、周りの同僚がみんな三十万円もらっているのに、自分だけ二十万円だったら、相当みじめな思いになります。

このように、お金や財産、地位、名誉など、あなたが求めている幸せは、すべて、それ自体では幸せかどうか分からず、比べて初めて分かる「相対の幸福」です。

この「相対の幸福」は、分かりやすく、刺激も強烈で、とても引き寄せられるのですが、心からの安心も満足もできない三つの弱点があるのです。

相対の幸福の弱点①

どこまで求めても、キリがない

相対の幸福の第一の弱点は、どこまで求めてもキリがないということです。

例えば、中学校でテニス部に入ると、頑張ってレギュラーになろうとします。一生懸命練習して、同じ部員の中でも上位に入ると、レギュラーを獲得して喜びます。

ところがレギュラーになると、レギュラーなのが当然となり、市内大会で上位に入りたいと思います。普通に練習していたら、一回戦か二回戦で負けますので、ますます頑張って、優勝を目指します。

優勝すると、自分は市内で一番強いんだという喜びも束《つか》の間《ま》、それが当たり前になってしまいます。次は県大会で上位を目指します。県大会で優勝するには、全国レベルの尋常でない練習が必要になります。勉強そっちのけで、朝早くから練習し、学校が終わると暗くなるまで練習します。土日も祝日も返上して練習し続けて、県大会優勝を目指します。

そんなに頑張って県大会で優勝しても、全国大会、世界大会と続いていきます。その練習のための努力や時間は限りなく必要になってきます。頑張れば頑張るほど、上には上がいるので、どこまで行っても、キリがありません。スポーツには、完成もなければ、満足もありません。

他人と比べても苦しいだけだと分かった人は、次は過去の自分と比べたらいいのではないかと思います。「人と競争するから苦しいんだ。競争より協調。みんな違ってみんないい。過去の自分と比べて満足しよう」ということです。

収入であれば他人の収入は分かりませんので「とりあえず月にあと五万円あれば、相当楽になるのに」と思います。頑張って仕事で成果を上げて、収入が五万円上がると、その時はうれしいのですが、すぐに慣れてしまい、あと十万円欲しくなります。

さらに努力して、十万円上がると、それに合わせて生活水準も上がり、なぜか少し足りなくなってしまいます。やはりあと十万円欲しくなります。どこまで行っても、「もうちょっと、もうちょっと……」と増えていき、どこまで行っても満足したということはありません。

物であっても、今の自分が持っている物より、少しいい物が欲しくなります。あの洋服が欲しい、あの時計が欲しい、あの靴が欲しい、あのパソコンが欲しい、あの車が欲しい、あの家が欲しい。

手に入れると、その時はうれしいのですが、なぜか喜びが続きません。あれほど欲しかったのに、すぐにもうワンランク上が欲しくなります。それを手に入れると、手に入れた時の興奮はすぐに冷めて、ほとんど瞬間的に次の物が欲しくなります。パソコンなら、より性能が上がった最新機種が発売になります。どこまで行っても、キリがありません。これで満足したということがないのです。


それは、パソコンの機能がすごい勢いで上がるからではありません。大衆消費社会の大企業の宣伝広告のテクニックのせいでもありません。自分の心の中に原因があります。

それが、欲の心です。欲望は、限りなく膨らんでいきます。これで満足したということがないのです。

歴史上極めて広大な面積を誇ったモンゴル帝国は、中国やヨーロッパにまで勢力を伸ばし、ユーラシア大陸のほとんどを手に入れました。もうそれだけ広い領土があれば、満足ではないかと思いますが、それでも元寇《げんこう》といって、小さな島国を手に入れようと日本に攻めてきます。どこまで行っても、満足できないのです。

ノーベル文学賞を受賞したイギリスの哲学者バートランド・ラッセルも、その幸福論の中で、このように言っています。

> もしも、あなたが栄光を望むなら、あなたはナポレオンをうらやむかもしれない。しかし、ナポレオンはカエサルをねたみ、カエサルはアレクサンダーをねたみ、アレクサンダーはたぶん、実在しなかったヘラクレスをねたんだことだろう。したがって、あなたは、成功によるだけでねたみから逃れることはできない。歴史や伝説の中には、いつもあなたよりももっと成功した人がいるからである。
>
> （『ラッセル幸福論』ラッセル）*74

このようにどこまでいってもキリがないのです。

しかも、欲の心は限りがない程度のものではありません。
満たそうとすればするほど、満たされなくなります。
限りがないうえに、満たせば満たすほど、二倍の度を増して渇いてしまうのです。
アメリカの経済学者ガルブレイスもこのことに気づき、こう言っています。

欲望を満足させる過程が同時に欲望をつくり出していく程度が次第に大きくなる。
（『ゆたかな社会』ガルブレイス）[*75]

釈迦《しゃか》はこれを、海水を飲む例えで教えられています。
広い海の上を、小さな船で漂っていると、照りつける太陽の暑さに喉が渇いてきます。飲み水が底をつくと、周りにふんだんにある塩水を飲んでしまいます。すると、いったんは喉が潤うのですが、海水に含まれる高い濃度の塩分が水分を吸い取ってしまい、やがてますます喉が渇いてきます。塩水を飲めば飲むほど喉が渇いて、やがて死んでしまうのです。

手に入れれば手に入れるほど欲しくなり、やればやるほどやめられなくなります。何の気なしに始めたコレクションが、集めれば集めるほど、もっと欲しくなっていき、レアなアイテムなら定価の何倍出しても欲しくなるようなものです。

このような限りなく広がっていく欲の心がある限り、お金であれ、物であれ、仕事であれ、地位であれ、対象にかかわらず、これで満足したということはないのです。

しかも、この欲の心をなくすことはできません。仏教では、人間は**「煩悩《ぼんのう》具足《ぐそく》」**であると教えられています。

「煩悩《ぼんのう》具足《ぐそく》」の**「煩悩《ぼんのう》」**とは、私たちを煩わせ、悩ませるものですが、欲の心は代表的な煩悩《ぼんのう》の一つです。

「具足《ぐそく》」とは、それでできているということです。人間の心は煩悩《ぼんのう》百パーセント、煩悩《ぼんのう》以外にありません。雪ダルマから雪を取ったら何も残らないように、人間から煩悩《ぼんのう》を取ったら何も残らないのです。欲の心はどうやってもなくすことができないということです。

このように、相対の幸福はとても魅惑的で、すごく心を引かれるのですが、なくすことのできない欲の心のために、どこまで求めてもキリがなく、死ぬまで満足できないという弱点があります。レオナルド・ダ・ヴィンチも、ニュートンも、ゲーテも、ダーウィンも、徳川家康も、どんなすごい人でもみんなキリがないと言っていたのはそのためです。限りある命で限りない欲望を満たそうとしても、結局満たすことはできず、死ぬまで満足できない人生を送らなければならなくなってしまうのです。

相対の幸福の弱点②

何を手に入れても、喜びは続かない

次に、相対の幸福の二番めの弱点として、お金や財産、地位、名誉といった相対の幸福は、続かないという点が挙げられます。何かを手に入れたり、成し遂げたりした時には、うれしいのですが、しばらくすると慣れてしまってうれしくも何ともなくなってしまいます。

しかも、この世は**「諸行無常《しょぎょうむじょう》」**の世界です。「諸行無常《しょぎょうむじょう》」は仏教の特徴的な教えの一つ

で、軍記物語の最高傑作といわれる平家物語の冒頭にも、

「祇園精舎《ぎおんしょうじゃ》の鐘の声、諸行無常《しょぎょうむじょう》の響《ひびき》あり」

と出てきますので、学校で覚えたこともあるのではないでしょうか。

どんな意味かといいますと、

「諸行《しょぎょう》」とはすべてのもの。

「無常《むじょう》」とは常がない、続かない、ということです。

ですから、「諸行無常《しょぎょうむじょう》」とは、すべてのものは続かない、変わり通しであるということです。この本も続きません。だんだん古くなっていき、最後処分される時がやってきます。

地球や太陽でさえも、あと五十億年の寿命といわれます。物質を構成しているミクロの素粒子でさえも寿命があるのです。この世の一切は続かないのです。


あなたもそんなことは当然のことと思っておられると思いますが、そう思えない時があります。それが、自分の大切なものが続かなかった時です。

あなたには何か大切なものはあるでしょうか。

ある子供が、黄色くて、ふわふわした「ヒヨコ」を買ってもらいました。ピヨピヨ鳴い

てとてもかわいかったので、将来は立派なニワトリになると思い、自分で段ボールで家を作って、えさや水を与えて大切に育てていました。

ところが、ある日、家に帰ってみると、ヒヨコは目をつぶって横たわり、冷たくなっていたのです。

「お母さん、ヒヨコはどうしたの？」

と聞くと、

「死んじゃったのかもしれない」

と言われ、

「えっ？　もう生き返らないの？」

と、子供はショックで泣きだしてしまいました。鉛筆や消しゴムくらいなら、「壊れてもまた買えばいいや」と思いますが、ヒヨコの場合、せっかくニワトリになるのを楽しみにかわいがっていたのに、もう二度と生き返らないなんて、とても信じられません。

自分が大切にしているものであればあるほど、それを失った時の悲しみは大きく、とても受け入れられないのです。

あなたが今いちばん大切にしているものは何ですか？

諸行《しょぎょう》は無常《むじょう》です。

もしそれを失ってしまったら、どう感じるでしょうか？

どんなに大切なものも、必ず壊れる時がやってきます。大切にしているものは、ずっと自分のものであってほしいのに、必ず自分のものでなくなる時がやってきます。

自分の大切な人であれば、ずっとそばにいてほしいのに、必ず別れなければならない時がやってきます。もし死んでしまったならば、取り返しがつきません。

あまり大切でないものや人であれば、やむをえないと思えますが、大切であれば大切であるほど、とたんに「諸行無常《しょぎょうむじょう》」の真実がつらくなるのです。


しかも、自分の大切なものが続かないと分かると、まだ崩れていないうちから、いつか崩れるのではないかという不安が常にあります。それは、幸せが大きければ大きいほど、不安が大きくなるのです。


結婚式など、幸せの絶頂の時に、「幸せすぎて怖い」と言う人があります。

それは、親が決めた好きでもない人と結婚するのであれば、幸せでもなければ怖くもないと思います。一体なぜ幸せで、かつ怖いのでしょうか。

「人は山のてっぺんに登ることはできるが、そこに永く住むことはできない」といわれます。例えば山から必ず落ちなければならない時、山が低ければ、落ちてもそれほど痛くはないのですが、山が高くなるほど、落ちた時の痛みが大きくなります。

幸せすぎて怖いというのは、これまでの経験上、幸せは長続きしないと分かっているので、相手が好きであればあるほど、それが崩れた時の落差が大きく、不安も大きくなるのです。


このように決して続かず、喜びが大きいほど不安が大きくなってしまうのが、相対の幸福の二番めの弱点です。

この世は「諸行無常《しょぎょうむじょう》」の世界であるがゆえに、相対の幸福は決して続きません。必ず崩れる時がやってきます。しかもそのために、相対の幸福が大きければ大きいほど、失う不安も大きくなってしまいます。


このことからすると、世間でよくいわれる幸せも、みんな相対の幸福であり、キリもなければ続きもしないことがよく分かります。

例えば、チクセントミハイの、我を忘れて趣味や仕事に夢中になるフローの状態も相対の幸福です。自分の能力に比べて難しすぎず、簡単すぎもしない適切な目標に向かわなければなりませんし、何か気になることがあったり、電話がかかってきたりして、注意が散漫になると、フローは終わってしまいます。やはりずっと続けることはできません。

大きな困難がやってくるほど、それを乗り越えた時の喜びは大きいのですが、それは相対の幸福ですから、キリがありません。それどころか、裏切られた時の苦しみも同じように大きくなってしまいます。

そんな大きなものを望まずに、日常生活の中で、道端に咲いている花を見つけた時のように小さな感動をすればいい、と言ってみても、その感動も相対の幸福です。やはり、その人が培ってきた気づく力や、磨かれてきた感性に応じて変わってしまいます。そして、感動は続きませんので、すぐに何ともなくなってしまいます。

生かされていることに感謝する気持ちも同じです。その人のこれまでの苦労や人生経験によって、感謝の度合いが変わってしまうので、やはりキリもきわもなく、やがては崩れてしまいます。現実にはずっと感謝し続けることはできないのです。

このような、完成もなければ続きもせず、心からの安心も満足もないのが相対の幸福の特徴なのです。

このように、相対の幸福には、「キリがない」「続かない」の二つの弱点があるのですが、そのことを、日本で最も読まれている仏教書『歎異抄《たんにしょう》』では一言で、こう説かれています。


煩悩《ぼんのう》具足《ぐそく》の凡夫《ぼんぶ》、火宅《かたく》無常《むじょう》の世界は、万《よろず》のこと皆もって、そらごと・たわごと・真実《まこと》あることなし。

（『歎異抄』）


「煩悩《ぼんのう》」とは、欲や怒りや愚痴などの私たちを煩わせ、悩ますもの。

「具足《ぐそく》」とは、塊。

「凡夫《ぼんぶ》」とは、人間のことですから、「煩悩具足《ぼんのうぐそく》の凡夫《ぼんぶ》」とは、煩悩《ぼんのう》の塊の人間ということです。

「火宅《かたく》」とは、火のついた家のことです。隣の家が火事になって、自分の家のひさしに火が燃え移ったような不安のことです。なぜ不安なのかといいますと「無常《むじょう》」だからです。

この世のことすべては常がなく、続かないということです。

「万《よろず》のこと皆もって」とは、例外なく、すべてのこと。

「そらごと・たわごと・真実《まこと》あることなし」とは、真実たよりになるものは何もないということです。

このように、

「限りない欲の塊の人間が、一切が続かない不安な世界に生きているから、何を求めてもキリがなく、どこまで行っても不満はなくならない。せっかく少しは幸せになったと思っても、すべては続かないから不安もなくならないのだ。何をやっても、何を手に入れても、これで本当の幸せになったということはないのだ」

と教えられています。

これらの「キリがない」と「続かない」という二つの弱点は、仮に、とてつもない努力で何とか持ちこたえたとしても、最後「相対の幸福」には、いとも簡単に崩れ去ってしまう致命的な急所があります。まだ最大の弱点が隠されているのです。

相対の幸福の弱点❸

死んでいく時には、総崩れになる

相対の幸福の最大の急所は、死んでいく時には、一挙にすべてが壊滅してしまうということです。死ぬ時に、相対の幸福が何の役に立つでしょうか。

もしあなたが、あと一週間の命となった場合を想像してみてください。

人間ドックで異常が見つかり、精密検査をしてみたら、現代医学では治療できない難病と分かります。死までの制限時間はあと七日間。

「何でもっと早く見つからなかったんだ！」という無念の中、病室でついていたテレビをふと見ると、発表された宝くじの当選番号が、手持ちの宝くじの番号と一致しています。

「やった三億円当たったった！」

と喜べるでしょうか。

「なんてこった……」

と、より一層残念な気持ちになってしまいます。

そんな時に限って、この間描いた絵が、全国絵画コンクール一般の部で金賞に輝いた、という朗報が入ります。

友達から、

「すごいじゃん」

とうらやましがられても、

「そんなの全然うれしくないよ！」

と怒りたくなります。


ちょうどその時、バタンと病室の扉が開いて、恋人がうれしそうに入ってきます。

「喜んで。結婚できることになったよ」

「え……、何でこんな時に……」

より一層、不幸が際立ちます。

死を前にすると、それまで実感のあった相対の幸福すべてが、色あせて喜べなくなってしまうのです。

あなたならこれらを心から喜べそうですか?

実際に病気で残りわずかの命となった時、普通は大変な肉体的苦痛も伴いますから、こんな軽い調子ではありえませんが、このことが現実に起きた時、それまでとは、心が全く変わってしまいます。

その元気な時とは全く違う、臨終を目前にした心境を書き留めておいてくれた人があります。十年間の闘病生活のすえ亡くなった、東大教授の岸本英夫です。

岸本英夫は、東大で学位を受け、四十四歳で東大教授となるエリートコースを歩みました。ところがその七年後、スタンフォード大学に客員教授として滞在中、癌《がん》の宣告を受けたのです。

大手術の結果、一度は癌《がん》をすべて摘出したはずでした。それが、四年後、再発したのです。一応摘出はしましたが、次はいつ癌《がん》が活発化して命を落とすか分かりません。いつ爆発するか分からない不発弾を抱えて生きているようなものです。その死に直面した心境を『死を見つめる心』に、このように書いています。

死自体を実感することのもたらす精神的な苦しみが、いかに強烈なものであるか、これは、知らない人が多い。いな、むしろ、平生は、それを知らないでいられるからこそ、人間は幸福に生きていられるのである。しかし、死に直面したときには、そうはいかない。

(『死を見つめる心』岸本英夫)[*76]

元気な時は、「死んだら死んだ時さ」と思って、相対の幸福をかき集めるのに必死になっていますが、いざ死に直面すると、相対の幸福は全く問題にならなくなってしまいます。そんな相対の幸福を、傷つきやすい、見せかけの幸福だと書き残しています。

人間が、ふつうに、幸福と考えているものは、傷つきやすい、みかけの幸福である場合が、多いようであります。それが、本当に力強い幸福であるかどうかは、それを、死に直面した場合にたたせてみると、はっきりいたします。

たとえば、富とか、地位とか、名誉とかいう社会的条件は、たしかに、幸福をつくり出している要素であります。また、肉体の健康とか、知恵とか、本能とか、容貌《ようぼう》の美しさというような個人的条件も、幸福をつくり出している要素であります。これが、人間の幸福にとって、重要な要素であることは、まちがいはないのであります。だからこそ、みんなは、富や美貌《びぼう》にあこがれるのでありまして、それは、もっともなことであります。しかし、もし、そうした外側の要素だけに、たよりきった心持《こころもち》でいると、その幸福は、やぶれやすいのであります。そうした幸福を、自分の死と事実の前にたたせてみますと、それが、はっきり、出てまいります。今まで、輝かしくみえたものが、急に光りを失って、色あせたものになってしまいます。お金では、命は、買えない。社会的地位は、死後の問題に、答えてはくれないのであります。

(『死を見つめる心』岸本英夫)

今まで輝かしく見えた相対の幸福は、死の前に立つと、急に光を失って、色あせたものになってしまうのです。死ぬ時には何の意味もなかったと、ミケランジェロも、松尾芭蕉《まつおばしょう》も、モネもピカソも、みんな言っていたとおりです。

仏教ではこのことを、こう教えられています。

まことに死せんときは、予《かね》てたのみおきつる妻子も財宝も、わが身には一つも相添うことあるべからず。されば死出《しで》の山路《やまじ》のすえ、三塗《さんず》の大河をば、唯一人こそ行きなんずれ。
（『御文章』蓮如上人）

「まことに死せんときは」とは、あなたがいよいよ死んでいく時は、ということです。「生ある者は必ず死に帰す」といわれるように、どんな人も死を免《まぬが》れることはできません。死はあなたを待ち受ける百パーセント確実な未来です。

「予《かね》て」とは、今まで。

「たのみおきつる妻子も財宝も」とは、これまでたよりにし、心の支えにしてきたお金や財産、家族をはじめとする、相対の幸福のすべてです。それが何であるかは人それぞれですが、誰しもこれが生きる意味だと思っているものです。そんな今までたよりにして生きてきた幸せのすべてを、ここで「予《かね》てたのみおきつる妻子も財宝も」と言われているのです。

「わが身には一つも相添うことあるべからず」とは、元気な時はたよりになるのですが、死ぬ時は、どんな愛する家族もついてはきてくれません。

どれだけお金があっても、死んでいく時は一円たりとも持ってはいけません。手に入れた物も、成し遂げたことも、地位も名誉も何一つ、明かりになるものはありません。全部この世に置いていかなければなりません。

あれほどのことをした豊臣秀吉《とよとみひでよし》でさえ、辞世には

露と落ち　露と消えにし　我が身かな　難波《なにわ》のことも　夢のまた夢

（豊臣秀吉）

と詠んでいます。

「我が身」というのは、秀吉《ひでよし》自身です。とても低い身分からスタートして日本中を駆けめぐり、才能と努力でついに天下統一、歴史にその名を刻んだ英傑です。そんな彼の人生も、「露と落ち露と消えにし我が身かな」。夏の朝、草の上できらきら光る朝露が、日が昇る頃

にはつるりと落ちて消えてしまう、そんなはかないものであったと、その臨終の心境を告白しています。

「難波《なにわ》のことも夢のまた夢」の「難波《なにわ》」というのは、大阪のことですから、天下を取り、大阪を中心に極めた栄耀栄華《えいようえいが》も、死んでいく時には、夢の中で夢を見ているような、はかないものでしかなかったと、寂しくこの世を去っています。

死ぬのはまだ先だと、目の前の欲望にかられている時は現実のように思えても、最後、自分が死ぬ時には、夢のまた夢と消えてしまいます。結局、今まで必死で成し遂げたことも、かき集めてきたものも、すべてを置いて、たった独りで真っ暗な後生へと旅立っていかなければなりません。

このように、相対の幸福は、生きていくうえでは必要な幸福なのですが、最後、死によって完全に崩れ去ってしまうのです。


では、二種類ある幸福のうち、もう一つはどんな幸福なのでしょうか。

それが、絶対崩れることのない、「絶対の幸福」です。

これは名文の誉れ高い『歎異抄《たんにしょう》』では、**「摂取不捨の利益《せっしゅふしゃのりやく》」**と記されています。

「摂取不捨《せっしゅふしゃ》の利益《りやく》」の**「利益《りやく》」**とは、幸福のことです。**「摂取《せっしゅ》」**とは、おさめ取る、ということですから、完成があるということです。完成があるから、大満足できるということです。

「不捨《ふしゃ》」とは、捨てず、ということですから、変わらないということです。変わらないから大安心できるということです。

大安心・大満足の幸福を「摂取不捨《せっしゅふしゃ》の利益《りやく》」といわれ、これを今日の言葉で、「絶対の幸福」と呼んでいます。たとえ死によって、相対の幸福すべてに裏切られても、人間に生まれてよかった、この身になるための人生だったのかと、心から安心満足できる幸福があります。

仏教には、キリがなく、続かない、不安や不満のなくならない相対の幸福と全く異なる、この絶対の幸福の存在が説かれています。文学者も心理学者も哲学者も、誰も分からなかった本当の生きる目的は、この絶対に崩れない、「絶対の幸福」になることだと説かれているのです。

では一体、どうすれば、「絶対の幸福」の身になれるのでしょうか。

6章まとめ

- すべての人は幸福を求めて生きていますから、生きる目的は一応は「幸福になるため」といえます。ところが、どんなに努力しても、なかなか幸せになれないのは、幸福に二つあることを知らないからです。

- 「相対の幸福」……誰もが今まで求めていた、比べて分かる幸福。これには、幸せになれない三つの弱点があります。

  1 どこまで求めても、キリがない
  2 喜びが続かない
  3 死んでいく時には、総崩れになる

- 「絶対の幸福」……『歎異抄』に「摂取不捨の利益」といわれる。仏教では、本当の生きる目的は、完成があり、死によっても崩れない、大安心大満足の絶対の幸福になることだと説かれています。

7章

どんな人でも、生死の一大事を解決すれば、「絶対の幸福」になれる

「死」は、私たちの人生に、最も大きな影響を与える大問題

シェイクスピアの名作『ヴェニスの商人』で、主人公が恋人と結婚するためには、金と銀と鉛の三つの箱の中から、正解の一つを当てなければなりませんでした。

金の箱には「我を選ぶ者は多くの人が欲するものを得るであろう」
銀の箱には「我を選ぶ者は己にふさわしいものを手に入れるであろう」
鉛の箱には「我を選ぶ者は持てるものすべてをなげうたなければならない」

と書かれています。

正解なら、恋人の絵姿が出てきて、恋人は自分のものになりますが、もし外した場合、その恋人はおろか、他の女性とも一生結婚しないという誓約をしなければ、この箱選びに挑戦できません。

あなたならどれを選びますか？

その厳しい条件にもかかわらず、彼女のあまりの美しさに、世界中から挑戦者がやってきます。

まず、ある国の王様は、彼女の美しさには金こそふさわしいと思い、金の箱を選びました。すると出てきたのはドクロ。「輝くもの、かならずしも金ならず」という言葉が添えてあり、深く傷ついた王様は去っていきます。

次の挑戦者も、とある国の王でした。自分には彼女がふさわしいと思い、銀の箱を選ぶと、中から出てきたのは愚か者の絵でした。「自分にふさわしいのは愚か者でしかないのか」とショックを受け、その場を立ち去ります。

最後に挑戦したのが主人公でした。外観は中身を裏切るもの、と鉛の箱を選びます。すると「汝《なんじ》、うわべによって選ばざる者、かえって恵みあり」と、恋人の絵姿が出てきます。こうして主人公は、めでたく恋人と結婚することができたのでした。

ちょうどこの、金の箱や銀の箱のように、私たちにとって、お金や財産、地位、名誉、恋愛などの相対の幸福は、表面的にはきらびやかで、興味を引くので、たいていは誰しも引っ張られてしまいます。ところが、相対の幸福にはキリがなく、喜びは一時的で、最後は死によって裏切られてしまうのです。

特に、最後の死は、すべての相対の幸福を一気に破壊してしまいますから、変わることのない本当の幸せになるには、この死を、何とかしなければなりません。

ヒルティが『幸福論』の中で、

死の問題は、すべての人生問題のうち最も重要なものである。

（『幸福論』ヒルティ）*77

と言っているように、死は、私たちの人生に最も大きな影響を与える大問題です。

しかも死には、ほとんどの人がいつも見落としていて、その問題をますます恐ろしくする、三つの特徴があります。

死の大問題の特徴❶

すべての人が直面し、必ず負ける戦い

死は、すべての人にとって確実な未来です。

死と聞くと、自分とは関係のないことのように思いますが、人類史上、これまでのところ、死ななかった人はありません。感染症の大流行や核戦争、環境破壊や資源の枯渇で、人類は絶滅するのではないかと心配になりますが、それらが起きなかったとしても、現在生きている人は、しばらくすれば確実に全滅します。二百年生きられる人はいませんから、死は、百パーセント確実な未来です。

一日生きるということは、一日死に近づくということです。

やがて死ぬことを避けることはできません。

ですから、この問題と関係のない人は一人もいないのです。

最古にして最強といわれる兵法書『孫子』は、紀元前の中国で書かれたものですが、今日まで伝えられる極めて優れたものです。三国時代には、魏《ぎ》の曹操がよくこれを研究し、覇を競いました。日本では、甲斐《かい》の虎・武田信玄が旗印に、孫子の「その疾《はや》きことは風の如《ごと》く、その徐《しずか》なることは林の如《ごと》く、侵掠《しんりゃく》することは火の如《ごと》く、動かざることは山の如《ごと》く」を使っていたことで有名です。十八世紀に入ると西洋にも伝わり、ドイツ皇帝のヴィルヘルム二世は第一次世界大戦に負けた時「もし二十年前に孫子を知っていたら……」と悔やんだといわれます。ドイツには、天才といわれるクラウゼヴィッツの戦争論がありますが、それを超えるという人もあります。

それほど古今東西変わらない最強の原則が記された『孫子』ですが、その孫子が兵を用いる時は、どのように考えていたのでしょうか。

普通は、百戦百勝、必ず相手を打ち破れるなら、それがいちばんいいと思いますが、そうではありません。

> 百戦百勝は善の善なる者に非《あら》ざるなり。
> 戦わずして人の兵を屈するは善の善なる者なり。
>
> （『孫子』）

百戦百勝でも、負傷者が出ることは避けられませんから、戦わずして勝つのがベストなのです。逆に最悪なのは、勝つ見込みもないのに、無駄に威勢よく戦うことです。負けると分かって戦うのですから、これほど愚かな戦いはありません。

ところが私たちの人生は、一日一日、死に近づいていきます。一日生きたということは、一日死なずに済んだといえます。それはちょうど、じわじわ迫ってくる死と闘っているようなものだと、ドイツの哲学者、ショーペンハウアーは言います。

> 生きているということは、じつはそれは死ぬことのたえざる阻止、つまり死ぬことがそのたびごとに先へと延期されていることにほかならないのである。（中略）一呼吸一呼吸がたえず押し寄せてくる死を防いでいる。われわれはこういう仕方で、刻一刻、死と闘っている。
>
> （ショーペンハウアー）[*78]

病気になると、その闘いは激しくなります。病気と治療のせめぎ合い、何とか死なないようにという闘病生活となります。そして、病気が治れば助かったと喜びます。では、九死に一生を得て助かったら、死ななくなったのでしょうか？　そんなことはありません。死が一時的に延びただけで、しばらくすればまた、死は何らかの形で襲いかかってきます。死に対して完全勝利はできませんから、助からない状態が延びただけなのです。

人生は、負けると分かっている戦いを強制されるようなもので、『孫子』でいえば、最悪の戦いをさせられているようなものです。

たとえ今日や明日には死なず、平均寿命以上に生きられたとしても、必ず死ぬことに変わりはありません。人生は、負けると分かっている戦を、どう長期戦に持ち込むかという努力であり、助からない状態を一秒でも長く続けるにはどうすればいいかという努力に過ぎません。

どんな人の人生も、最後は必ず死で終わるのですから、あなたの未来にも百パーセント待ち構えている大問題です。

死の大問題の特徴❷

いつ、どこから襲ってくるか、分からない

しかも、死はいつやってくるか分かりません。予告もなしに、迫ってきます。

死と聞くと、「それはやがては死ぬかもしれないけど、それはまだまだ先だろう」と遠い先のように考えています。ところが、そうとは限りません。毎日たくさんの人が交通事故で死んでいます。若い人でも死ぬのです。

『歎異抄《たんにしょう》』同様、鎌倉時代に成立した『徒然草《つれづれぐさ》』には、死が思いがけずやってくることを、

> 死は前よりしもきたらず、かねて後《うしろ》にせまる。
> （『徒然草』兼好）

と書かれています。死が前から迫ってくれば、「もうすぐ来るだろうな」と分かるのですが、死は、あなたに気づかれないように、後ろから迫ってきているのだということです。

死と背中合わせで生きているようなものです。

つまり、この世に生まれた時から、あなたは、あらゆる瞬間に死ぬ可能性があるということです。

釈迦《しゃか》は、

出息入息《しゅっそくにゅうそく》　不待命終《ふたいみょうじゅう》
（釈迦）

と説かれています。

これは、「出る息は、入る息を待たずして命終わる」と読みます。

「出る息」とは、吐く息です。

「入る息」とは、吸う息です。

吐いた息が吸えなければ、もうそれで命が終わります。吸った息が吐き出せなければ、それで死んでいかなければなりません。今、コトコト動いている心臓が、何かの拍子にコトッと止まったら最期です。

死は、吸う息、吐く息に触れ合っている問題だ、ということです。ですから、死はあなたが考えるほど、そんな遠い先のことではなく、今に触れ合う、今の問題ですよ、と釈迦《しゃか》は教えられているのです。

死の大問題の特徴③

火事より、交通事故より恐ろしいのに、誰も準備をしていない

このように、死は、全員に百パーセント確実に、しかも突然やってきて、すべてを破滅させてしまうのですが、なぜか誰一人、問題にしていません。学校の授業で習うわけでもなければ、家族や友達で話題に出るわけでもないので、知識もほとんどないと思います。この現実は、ある意味、世にも奇妙な話です。

普通、未来に重大なことが迫っていることが分かれば、準備を整えます。

例えば、もうすぐ自分にとって重要な学校の試験が控えているとなったらどうでしょう。他の受験生と争って合格を目指さなければならない場合、そんな試験がもうすぐと聞いて

「大好き、待ち遠しい」という人はめったにないと思います。誰もが気が重く、目を背けたくなります。

だからといって、現実から目を背け、マンガを読み続け、テレビゲームに明け暮れて、何の準備もせずに突入すれば、大事な試験が悲惨な結果に終わってしまいます。そんな恐ろしい運命は、ごめんこうむりたいと思えばこそ、試験勉強をし、中にはお金を払って予備校に通って準備する人もあるわけです。

これは、自動車の任意保険でも同じです。任意保険に入るのは、もし働き盛りのサラリーマンをちょっとひき殺してしまったら、とても自分の力で損害賠償ができないと思うので、入るわけです。

火災保険なら、もし万が一、火災が起きてしまったら、自分の力で対応できない一大事が起きると思えばこそ、起きる前に準備をするのです。

ところが、火災であれば、全員が全員、火事に遭うわけではありません。一生涯、火事に遭わない人もたくさんあります。もし起きたら大変だということでの、念のための準備です。

ところが、死は、万が一でもなければ、遭わない人がたくさんあるわけではありません。

全員が全員、最後は死に直面するのです。

しかも学校の試験や事故、火事であれば、後から努力で取り返すことも不可能とはいえませんが、死は、人生の終わりであり、取り返すことは不可能です。

そんな大問題を忘れて放置しておくほど、危険なことはありません。

ちょうど、行く先に滝壺《たきつぼ》の待ち受ける川を、何も知らずに屋形船に乗って川下りしているようなものです。人生の時間がどんどん過ぎていくように、船は流れていきます。

ただ過ぎに過ぐるもの　帆かけたる舟。人の齢《よわい》。春、夏、秋、冬。
（『枕草子』清少納言）

その時間の流れ行く先が滝壺《たきつぼ》になっていることは、知ってはいるはずなのですが、先を見通す知恵がないためか、屋形船の中で宴会をしたり、夜桜を見たりして楽しんでいます。

儲《もう》かった、損した、好きだ、嫌いだと、大騒ぎです。

そんなことをしているうちに、どうしようもない力で船は流されていきます。そうやって、ただただ船は流れていき、最後は確実に滝壺《たきつぼ》に落ちてしまうのです。

そんな私たちのすがたを、釈迦《しゃか》はこう説かれています。


世《せ》人《にん》薄俗《はくぞく》にして共に不急の事を諍《あらそ》う。

（大無量寿経）


「世人《せにん》」とは、世の中の人ということで、すべての人のことです。

「薄俗《はくぞく》」とは、浅薄で浅はかで、俗っぽくて低俗。ともに、急がなくていいこと、不急のことを争ってまでやっている。すべての人は、人生の最も重要な問題に気づかずに、つまらない目先のことにとらわれている、ということです。

このように、死は、見たくないことではありますが、だからといって目をそらし続けることほど危ないことはありません。目をそらしていても、百パーセント確実に直面することだからです。

逆に、**この死の大問題を直視し、解決してこそ、心から明るく楽しい人生を送ることができるのです。**

ドイツの哲学者カール・ヤスパースが、

生きることを学ぶことと、死ぬことを学ぶことは一つである。
（カール・ヤスパース）＊79

と言っているとおりです。

「生死一如」の教え
「生」を台所とすれば、「死」は便所のようなもの

これを仏教では「生死《しょうじ》一如《いちにょ》」と言われます。

「生死《しょうじ》一如《いちにょ》」とは、普通「生」と「死」は、反対のことだと思いますが、そうではありません。

「一如《いちにょ》」とは、一つのごとし。二つであって一つ、一つであって二つ。紙の表と裏のように、「生」と「死」は、切っても切れない関係にあるということです。

ちょうど、「生」を台所とすれば、「死」は便所のようなものです。

台所は、明るく楽しくみんなが集まる所です。一家の団欒《だんらん》は、台所でするのであって、便所でする人はありません。それに対して便所は、暗くて苦しいのに、一人一人行かなければならない所です。ところが、台所があって便所がない家はありません。どんな小さなアパートでも、どんな豪邸でも、必ず便所がついています。台所で食べた物は、百パーセント確実に出さなければならないからです。

ある友人が、家を新築して、パーティーに呼ばれました。なかなか大きな家で、広い庭でバーベキューです。おいしい物を食べたり飲んだりしてどんどん盛り上がります。ところが二時間ほど経《た》った時、トイレに行きたくなります。そこで家を新築した友達に、

「ちょっとトイレ借りていい？」

と聞くと、

「え？　トイレ？　そんな印象の悪い物うちにはないよ。だけど君は親友。ここからいちばん近い所で、二キロ離れた公園に、公衆便所があるから、もし使いたかったらそこを使って」

と、さも当然のように言われたらどうでしょう。

「二キロ……？」

友達の言っている意味も分かりませんが、それはともかく現実問題として、我慢の限界まであとわずかです。もはや真っ青になって、パーティーを楽しむどころではありません。もうすぐ、とても不幸な未来がやってきます。このままでは、楽しいはずのパーティー自体が、二度と思い出したくない思い出になってしまうのです。

このように、食べた物は、必ず出さなければなりませんから、いつでも安心して行くことのできる便所があって初めて、台所で明るく楽しい食事ができるのです。

ちょうどそれと同じように、どうすれば、明るく楽しい人生が送れるか考える時、あなたは仕事のことや、趣味のこと、スポーツのこと、旅行のことなど、どうすれば明るく楽しく生きていけるかということばかり考えていないでしょうか？

反対に、死は暗いから、見ないように考えないようにしています。

ところが、その暗い死がやってくるのは百パーセント確実です。ですから、生死の解決をせずに明るい生を送ることはできないのです。

必ずやってくる死の大問題を見つめ、解決して初めて、生が輝きます。

このように、死の解決が生の解決であるということが、「生死一如《しょうじいちにょ》」ということです。

絶対の幸福は、相対の幸福の延長線上にあるのではありません。死の大問題を解決して初めて、大安心大満足の、絶対の幸福になれるのです。

これは、いつか死ぬからこそ、人生が輝くということでもなければ、死を見つめることによって、より充実した生を送ることができるということでもありません。
死の大問題を「解決」することによって、絶対の幸福になれるということです。

人生を「飛行機」に例えると……燃料が切れて墜落する前に

これを飛行機に例えると、あなたが生まれた時が飛行場を飛び立った時です。小学、中学、高校と、飛行機は上昇し、やがて水平飛行に入ります。昨日から今日、今日から明日、先月から今月、今月から来月へと、飛ぶように月日が過ぎるといいますが、この飛行機は猛スピードで飛んでいます。

ところが、この飛行機は目的地が分かりません。下は、太平洋のような広い海、海また海で、島影一つ見えません。

そんな飛行機に乗っているとすれば、あなたはどんな気持ちでしょうか。燃料は刻一刻と減っていきます。

どんなにおいしい機内食や、楽しい機内映画が見られたとしても、楽しむことはできません。それは、飛行機の燃料に限りがあるからです。目的地も分からずに飛び続けたら、やがて燃料が切れて、墜落あるのみです。

この、機内食や機内映画に例えられたのが、お金や財産、地位、名誉、仕事や趣味、学問や人格といった、相対の幸福です。どれだけこのような相対の幸福に恵まれていても、心からの安心も満足もないのは、やがて燃料が切れれば、真っ逆さまに海に墜落していかなければならないからです。

京都学派を創始した日本を代表する哲学者・西田幾多郎《にしだきたろう》は、

> 死の問題を解決するというのが人生の一大事である。
> （西田幾多郎*80）

と言っていますが、この死の問題を、仏教で**「生死《しょうじ》の一大事《いちだいじ》」**とか、**「後生《ごしょう》の一大事《いちだいじ》」**といわれ、この一大事を解決することによってのみ、絶対の幸福になれるのだと仏教で教えられています。

飛行機でいえば、燃料が切れたら、切れた所に大空港があり、そこへ安全に誘導されて着陸できることになれば、海へ墜落する一大事はなくなります。

この一大事を解決して初めて、空の旅を心から楽しむことができるのです。機内食や機内映画は、無くてもかまいませんが、有ればなお快適です。有ってよし、無くてよし、大安心、大満足、の空の旅を満喫できます。

ですから、この一大事を解決すれば、お金が儲《もう》かり、病気が治るのではありません。後《ご》生《しょう》の一大事《いちだいじ》を解決するまでは、お金が有っても無くても幸せになれない、有無同然《うむどうぜん》の不幸だったのが、後生《ごしょう》の一大事《いちだいじ》を解決すれば、お金が有っても無くても大安心大満足の「絶対の幸福」になれるのです。

名著『歎異抄』には、絶対の幸福を「無碍の一道」と

　この絶対の幸福を、『歎異抄《たんにしょう》』には、**「無碍《むげ》の一道《いちどう》」**とも言われています。

「無碍《むげ》の一道《いちどう》」の「碍《げ》」というのは、さわりですから、幸せを妨げるものです。

「無碍《むげ》」とは「さわりが無い」とありますが、お金が儲《もう》かったり、病気が治ったりするわけではないので、さわりがさわりのまま、さわりとならないということです。

「一道《いちどう》」の「道《どう》」は、世界ということですので、たった一つの世界、絶対の世界ということです。

　ですから、**「無碍《むげ》の一道《いちどう》」とは、さわりがさわりのまま、さわりとならないたった一つの世界「絶対の幸福」**のことです。人生最大の問題である死の大問題、後生《ごしょう》の一大事《いちだいじ》を先に解決することによって、一切のさわりが、さわりとならない「無碍《むげ》の一道《いちどう》」へ出られるのです。

　このように、すべての人が共通して求める生きる目的は幸福ですが、それが一時的な、

続かない幸せでは、心からの安心も満足もありません。変わらない幸福になることが、万人共通の生きる目的です。

それには、お金や財産、地位、名誉、自己実現のような相対の幸福ではなれません。**「後生《ごしょう》の一大事《いちだいじ》の解決」によってのみ、死によっても崩れない絶対の幸福になれる**と、仏教では教えられています。それが、生まれてから死ぬまでに果たさなければならない本当の「生きる目的」であり、それを果たすことこそ、本当の「生きる意味」なのです。

約二千六百年前、釈迦《しゃか》が説かれた仏教は、インドから中国、中国から朝鮮半島をへて日本へと伝えられ、たくさんの人々が、この本当の生きる目的を知り、変わらない幸せに救われてきました。その中で、本当の生きる目的を果たした人を、一人挙げるとすれば、約八百年前、日本の鎌倉時代に活躍された親鸞聖人《しんらんしょうにん》です。

親鸞聖人《しんらんしょうにん》は、この釈迦《しゃか》の教えによって、二十九歳の時、人生の目的を果たされました。その時の喜びをこう記されています。

慶《よろこ》ばしきかな。心を弘誓《ぐぜい》の仏地に樹《た》て、念を難思の法海に流す。深く如《にょ》来《らい》の矜哀《こうあい》を知りて、良《まこと》に師教の恩厚を仰ぐ。

（『教行信証』親鸞聖人）

「よろこばしきかな。親鸞《しんらん》はうれしい。何という幸せ者なのか。一切が崩れる中に、決して崩れることのない不倒の大地に心をたてた。こんな想像もできない世界に生かされたことを喜ばずにおれない。全く仏法力不思議であった。こんな素晴らしい世界があることを伝えてくだされた、釈迦《しゃか》はじめ、インド・中国・日本の高僧方のご恩を喜ばずにおれない」

このように、絶対崩れない絶対の幸福になった喜びに満ちています。

「絶対の幸福」になったら、心の風景はどう変わるのか

ではその「絶対の幸福」とは、どんな世界なのでしょうか。その心の風景をこう記されています。

> 大悲《だいひ》の願船《がんせん》に乗じて、光明《こうみょう》の広海《こうかい》に浮かびぬれば、至徳《しとく》の風静かに、衆《しゅう》禍《か》の波転ず。
> （『教行信証』親鸞聖人）

「大悲《だいひ》の願船《がんせん》」とは、「難度《なんど》の海を度する大船《たいせん》」と同じです。「大悲《だいひ》の願船《がんせん》に乗じて」ですから、人生の目的を船に例えて、「苦しみ悩みの絶えない人生の海を、明るく楽しく渡す大きな船がある。その船に親鸞《しんらん》は乗った」ということです。

これは乗ったかどうか分からないような船ではありません。「自分は乗ったのだろうか？」という人は、まだ乗っていない人です。乗ったその時、ハッキリします。

では、どうハッキリするかというと、

「光明《こうみょう》の広海《こうかい》に浮かびぬれば」、光明《こうみょう》の広海《こうかい》に浮《う》かんだと言われています。沈んでいた人にのみ浮かんだということがあります。

「それまで沈んでいた苦しみの海が、光明《こうみょう》輝く広い海に転じた。何のために生まれてきたのか分からない暗い人生が、人間に生まれてよかったという明るい人生になった。狭くて苦しい人生が、広くてさわりのない人生になった。無碍《むげ》の一道《いちどう》へ出た」ということです。

人生には、これで達成したというゴールがあります。生きている時に、その人生の目的は達成できるのだ、ということです。

人生の目的を果たしてからは、明るく楽しい人生になりますので、その人生の味を、

「至徳《しとく》の風静かに、衆禍《しゅうか》の波転ず」と言われています。

「至徳《しとく》の風静かに」とは順境の時です。

「至徳《しとく》」の「至《し》」は、これ以上ない、ということですから、無上の幸せです。波の静かな順境の時は、限りない幸せが、そよ風のように、心にそよそよ吹いているようだ、ということです。

「衆禍《しゅうか》の波転ず」は、逆境の時です。

「衆《しゅう》」はいろいろの、「禍《か》」は災いです。

人生の目的を達成しても、悪い行いをすれば、悪い報いはやってきます。「衆禍《しゅうか》の波」が来なくなったとは言われていませんので、やはり不幸や災難は来るのです。飛行機でいえば、機内映画がつまらない場合、それが名作映画に早変わりするわけではありません。つまらないものはつまらないままです。ところが、そんな人生のいろいろな不幸や災難が、そのまま「衆禍《しゅうか》の波転ず」、喜びに転ずるのです。どんなさわりも、さわりとならない無《む》碍《げ》の一道《いちどう》です。

人生には、順境か逆境かの、どちらかしかありませんから、「順境でよし、逆境でよし。順逆ともによし」の無碍《むげ》の一道《いちどう》、絶対の幸福です。

「仏教を学びたかった……」二十世紀最大の哲学者ハイデガーの後悔

二十世紀最高の哲学者といわれるハイデガーは、晩年に親鸞聖人《しんらんしょうにん》の明らかにされた仏教の教えに出会い、衝撃を受けています。

> 今日、英訳を通じてはじめて東洋の聖者親鸞《しんらん》の歎異抄《たんにしょう》を読んだ。（中略）もし十年前にこんな素晴らしい聖者が東洋にあったことを知ったら、自分はギリシャ・ラテン語の勉強もしなかった。日本語を学び聖者の話しを聞いて、世界中に拡めることを生きがいにしたであろう。遅かった。
>
> （ハイデガー）*81

ここでハイデガーが、勉強しなくてもよかったと言っているギリシャ語とラテン語は、どちらも極めて難しい言語ですが、プラトンやアリストテレスはギリシャ語ですし、中世の文献はラテン語ばかりですから、本気で西洋哲学を学ぼうと思ったら必要不可欠です。ハイデガーは晩年、「そんな西洋哲学より仏教を学びたかった……が、時すでに遅し」と後悔しているのです。

それに対して私たち日本人はそんな後悔をする必要は全くありません。ギリシャ語やラテン語はめったに勉強しないかわりに、ギリシャ・ラテン語級に難しい日本語は、小さい頃からペラペラですから、誰でも分かりやすく仏教を聞けます。ひょっとしたら世界一、絶対の幸福に近い国かもしれません。ましてやここまで読まれたあなたは、もうあと一歩です。

目先のことに追われる前に、人生最大の問題の解決を

ところが、それでもそのあと一歩を踏み誤る、最も大きな要因の一つが、死の問題の理解不足にあります。その不覚を避ける重要ポイントを、戦国時代から江戸時代にかけて、多くの敵を相手に勝利した、つわものたちの戦術から知ることができます。

織田信長がまだ二十代の頃、ようやく尾張《おわり》を統一すると、すぐに織田家存亡の危機がやってきました。隣国の今川義元が、京へ上るため、大軍を率いて押し寄せてきたのです。その数二万五千。配下には後の将軍・徳川家康を擁する実力者です。

迎え撃つ織田家では、兵をかき集めてもせいぜい四、五千。家臣たちは真っ青になって、あわてふためきます。一体信長は、どのようにこの窮地を乗り切ったのでしょうか。

やがて今川勢が砦《とりで》を攻撃し始めると、信長は何を思ったのか、なんと、寝てしまいます。さすがはうつけ者、「織田家ももはやこれまで」と、家臣たちも引っ繰り返ります。

ところが翌朝、信長は、ぱっと目を覚ますと、おもむろに兵を率いて出撃します。その間にも砦《とりで》の一つが家康の手により陥落。それを聞いた今川義元、勝ったとばかりに桶狭間《おけはざま》で休憩を取り始めます。

その情報を聞きつけた信長は、「勝機は我にあり。全軍、続けー」と運命の地へ急行。おりしも降り始めた激しい雨に紛れ、休憩中の今川本隊を発見すると、「狙うは義元の首一つ、者ども、かかれー!」他の兵士には目もくれず、義元一人を目掛けて襲いかかります。

すっかり油断していた今川義元は、びっくりぎょうてんして逃げまどいますが、ついに討ち取られます。総大将を失い、総崩れとなった今川勢は、潮が引くように退却していきました。こうして信長の天下取りが始まるのです。

関ヶ原の合戦の後、剣豪・宮本武蔵《みやもとむさし》が京都へ上り、天下の吉岡道場を打ち破った時もそうでした。一回めの決闘では、当主、吉岡清十郎に一撃で勝利します。二回めは、仇討《あだう》ちに臨んだその弟・吉岡伝七郎をやはり一刀のもとに撃破。復讐《ふくしゅう》に燃える吉岡一門は、三回め、清十郎の子・又七郎を立てて、全員で勝負を挑みます。いくら武蔵《むさし》といえど、何百人もの剣士に取り囲まれては、さすがに勝ち目はありません。

そこで武蔵《むさし》は、吉岡一門の到着と同時に、大勢の門弟の中心にいる又七郎を一瞬で見抜き、真っ先に直行して一刀両断してしまいます。いきなりトップを失った門弟たちは大混乱。その間に武蔵《むさし》は脱出します。こうしてたった一人で、武名高き吉岡道場を完膚なきまでに打ち破ることができたのです。

このように、なぜ織田信長や宮本武蔵《みやもとむさし》が、数の上で勝る敵と戦って、一歩も引けを取らなかったかというと、まず最も重要な親玉を見極め、真っ先に一刀両断してしまいます。

すると、残りは浮足立って問題にならなくなるのです。まずこの、**最強の親玉を最優先で倒すことが、命を懸けた戦いの、一つの勝利の方程式でした。**

ちょうど人生でも、数多くの苦しみ悩み、トラブルや困難が、次から次へと襲ってきます。入学試験や就職活動、会社のノルマや突然の事故。借金や病気、子供が悪の道に走ったりと、目の前の問題もかなり手強いので、いつもそれに手一杯。へとへとになりながら対処していきます。ところが、一つの問題が終わると、次の問題がやってくる。人生で苦しみ悩みが三日以上なくなることはありません。もしあれば、それは何かを忘れているだけで、もうすぐもっと大きな困難がやってくることでしょう。

そうして、目先の問題の対処に心を奪われているうちに、あっという間に人生は過ぎ去って、ある時、何の前触れもなしに、人生最大最強の大問題が襲いかかってくるのです。それが、今まですっかり忘れていた、死の大問題です。最強の敵が予想もしなかったような所から突然奇襲をかけてきますから、全くなすすべはありません。あえない最期を遂げることになります。

ところが、その**最も重要な死の大問題を、生きている時に、真っ先に解決すれば、**

あとの問題は問題になりません。さわりがさわりのまま、さわりとならない無碍《むげ》の一道《いちどう》へ出られるのです。

「どう生きるか」という生きる手段の問題は、どこまで行ってもキリがありません。織田信長や宮本武蔵《みやもとむさし》が、最も重要な親玉を真っ先に倒したように、完成のある、人生最大の問題を先に解決するのがポイントです。

それはちょうど、夏休みの宿題のようなものです。

小学校の時、夏がやってくると、長い夏休みに入ります。七月下旬から始まって、八月三十一日までの約四十日間、学校が休みになってしまうのです。ただしその分、自由研究や読書感想文、絵日記や算数ドリル、漢字ドリルなど、四十日分のたくさんの宿題もついてきます。

それでも、七月も十五日を過ぎると「早く夏休みにならないかな」と、わくわくそわそわ、みんな浮かれた雰囲気になってきます。

そして、ついに一学期の終業式を終え、夏休みに入ると、「やったー、何して遊ぼうか」と思いを巡らせ、友達と遊んでいるうちに、何も宿題をせず、七月が終わってしまいます。

「まだ三十日もあるから大丈夫」と思いますが、八月に入ると、海にも行かないといけないし、山にも行かないといけない。お盆には、おじいちゃんおばあちゃんのうちにも行かないといけない。「このままだとまずい」とはうすうす気づきながらも、いろいろな所へ行っているうちに、何も宿題をしないまま、あっという間に八月も半ばを過ぎます。ところが八月後半に入ってくると、全然やっていない夏休みの宿題が相当気になってきます。

八月下旬には、全校登校日があって久しぶりにクラスのみんなと会うと、もう自由研究を終わらせて、持ってきている友達もいます。さすがに焦ってきますが、それでも四十日分の膨大な宿題を思うと、なかなかやる気がしなくなってしまいます。

最後の登校日の後は、もう遊んでいても楽しめません。みんなでサッカーをしていても、宿題どうしようと思うと、心が暗くなってしまいます。夜は花火大会に行っても、何となく焦ってきます。焦って花火を見てもしかたがないのですが、何か心にわだかまりを抱えて、楽しめません。友達とテニスをしてみても、宿題が心に浮かぶたび、真っ青になって空振りしてしまいます。宿題が残っている限り、テニスが手につかなくなってしまいます。八月三十一日が近づくにつれて、焦りが大きくなっていき、何をやってもむなしくなってしまいます。

ついに夏休みの最終日、お父さんにもお母さんにも手伝ってもらい、一家総出で宿題をやっても追いつかず、翌日の九月一日に学校へ行くと、先生に怒られて、泣きながら居残りで宿題をする、みじめな夏休みになってしまうのです。こんな悲惨な夏休みにならないためにはどうすればいいのでしょうか。

きっとあなたもそうだと思いますが、賢い友達は、実は七月中に夏休みの宿題を終わらせてしまっているのです。すると、宿題を全部終わらせてしまった後の夏休みは、心の底から楽しむことができます。サッカーをやっても、花火大会に行っても、何の不安もなく熱中できますから、充実感が全然違います。宿題を後回しにする愚か者に比べ、賢い友達は、やっている宿題の量は同じなのに、夏休みを思い切り楽しむことができるので、最後に「とっても楽しい夏休みだった！」と大満足できる、最高の夏休みを過ごすことができるのです。

同じように、死の大問題である後生の一大事の解決は、やがて百パーセント確実に直面しますから、すべての人に課せられた、人生の宿題のようなものです。しかも、**死ぬ時だけが苦しいのではなく、後回しにすればするほど、何をやっても、何を手に入れても心から楽しめず、人生の制限時間だけが減っていきます。**

人間を「死に向かう存在」と規定したドイツの哲学者ハイデガーは、その未完の主著『存在と時間』の中に、

死に臨む存在は、本質的に、不安である。

（ハイデガー）*82

と言っています。なすすべもなく死に向かう人生の、本質的な気分は不安なのです。その解決をしない限り、何をやっても、何を手に入れても、人生を楽しめるはずがありません。時間が経《た》てば経《た》つほど、えたいの知れない漠然とした不安が大きくなっていきます。そして、ある時、突然、自分の死に直面して、すべてに裏切られて死んでいくのです。

この人生の宿題は、死ぬまでには必ず果たさなければなりません。それが早ければ早いほど、その後の大安心大満足、心から明るく楽しい人生が長くなります。

どんな人でも仏教を聞けば、後生《ごしょう》の一大事《いちだいじ》を解決して、人間に生まれてよかったという絶対の幸福、無碍《むげ》の一道《いちどう》へ出ることができますから、ぜひそこまで仏教をお聞きいただきたいと思います。

7章まとめ

- 「相対の幸福」のすべてを崩壊させてしまう「死」には、三つの特徴があります。
  1 すべての人が必ず直面し、必ず負ける戦い
  2 いつ、どこから襲ってくるか、分からない
  3 火事より、交通事故より恐ろしいのに、誰も準備をしていない
  この死の大問題を放置して生きているほど危険なことはありません。
- この一大事を解決することによって、さわりがさわりとならない「無碍の一道」「絶対の幸福」の身になることができると、仏教では説かれています。
- 死は、どんなに避けようとしても、必ずやってくる一大事。やってくる前に解決しなければならない人生の課題であり、一刻も早い解決が求められます。

おわりに

ゆく河の流れは絶えずして、しかももとの水にあらず。よどみに浮かぶうたかたは、かつ消えかつ結びて、久しくとどまる事なし。
（『方丈記』鴨長明）

最後までお読みいただき、どうもありがとうございました。説明不足の点も多々あったと思いますが、本当の生きる意味はお分かりになりましたでしょうか？

これまでお話ししてきましたように、仏教には、あなたがやがて必ず直面する人生最大の問題を解決し、人間に生まれてよかったと大満足できる本当の生きる目的が、論理的に明らかにされ、これ一つ果たせば、生きている今、何が来ても揺るぎない本当の幸福になれることが、詳しく説かれています。

仏教では、私たちの永遠の生命は、生まれる前、果てしなく遠い過去から、死んだ後、永遠の未来に向かって、生まれては死に、生まれては死に、生死生死を繰り返していると説かれています。

ちょうどそれは、とうとうと流れる大河のようなもので、肉体は、その水面《みなも》にぽっと現れて、しばらく流れてぱっと消えるあぶくのようなものです。消えるとまた次のあぶくができて、しばらく流れてまた消えます。

あぶくができようが消えようが、河の水は増えもしなければ減りもしないように、そうやって私たちは、果てしなく生死を繰り返し、未来永遠に苦しみ迷いの旅を続けていかなければならないと説かれています。

その迷いの根本解決のために、仏教では、あっという間に滅びゆく肉体ではなく、永遠の生命の解決を目的とし、だからこそ、その生死の解決ができた人は、肉体に何があっても、死が来ても崩れない、絶対の幸福になれるのです。

この本にまとめてあるように、その苦しみ、迷いの、根本的な解決の道は、仏教にのみ説かれているのですが、仏教は人間に生まれた時しか聞けません。人間に生まれることは、果てしない生まれ変わりの中でも、めったにない、極めてまれなことですから、人間に生まれている今生《こんじょう》は、千載一遇のチャンスです。

それにもかかわらず、現在の仏教界は、葬式法事を執り行うだけの葬式仏教となり、教えを説かなくなってしまいました。日本は世界有数の仏教国であるにもかかわらず、本当の仏教を聞くのは、大変難しい状態になっています。せっかく生まれ難い人間に生まれたのに、ほとんどの人が何のために生まれてきたのか分からず、苦しんで死んでいくだけです。これでは宝の山に入って手ぶらで帰っていくようなものです。

そこで、この仏教の教えに隠されていた本当の生きる意味を、一人でもご縁のある方に、少しでも分かりやすくお届けしたいと思い、この一冊にまとめてみました。

仏教を聞けば、どんな人でもこの世で迷いを解決して、二度と迷わない身になれますから、ぜひ今生《こんじょう》で、人間に生まれてよかったという本当の幸福になっていただきたいと思います。

ただ、仏教は深さも知れない深い教えであるうえに、この本では初めての人にもご理解いただけるように、分かりやすさを優先したので、書きたくても書けなかったことが、まだまだたくさん残っています。もしあなたが、本当の生きる目的とその達成への道を、もっと知りたいと思われたなら、それがもっと詳しく分かるメール講座を無料で用意しましたので、登録して読んでみてください。

http://buddhism.ne.jp/free.html

釈迦《しゃか》は、人間に生まれてきたのは、仏法を聞き絶対の幸福になるためだ、とこのように教えられています。

人身受け難し、今すでに受く。仏法聞き難し、今すでに聞く。この身今生《こんじょう》に向かって度せずんば、さらにいずれの生《しょう》に向かってか、この身を度せん。
（釈迦）

「生まれ難い人間に生まれることができてよかった。聞き難い仏法を聞くことができてよかった。人間に生まれている今生《こんじょう》に助からなければ、もう助かるチャンスはなかったのだ」

「今生《こんじょう》に」といっても、いつまで生きられるか分かりませんから、結局「今生《こんじょう》」とは今しかありません。

「今でなければいつ苦しみ迷いを解決するというのか。この人生の目的を果たす時は今しかない。永遠に助かるかどうかは、今が勝負ですよ、決して後悔を残さないように」ということです。

人生はあっという間に過ぎていきます。それは決して取り戻すことはできません。夢のように幻のようにはかなく消える一瞬の人生ですが、生まれ難い人間に生まれ、聞き難い仏法を聞かれた今、もう少しですので、ぜひ本当の生きる目的を知り、完成して、本当の幸せになっていただきたいと思います。

長南　瑞生

長南瑞生から あなたへ　お礼と感謝を込めてご案内

このたびは、『生きる意味 109』をお求めいただき、どうもありがとうございました。

仏教に明らかにされた本当の生きる意味は、お分かりになりましたでしょうか？

ここまでお読みいただいた感謝の気持ちを込めて、この本には書き切れなかった、もっと深い内容を学べる無料のメール講座をご用意いたしました。

そのほんの一部を紹介すると

1．あなたの運命を支配するシンプルな原理とは？
2．生死流転の唯一の引き金となる暗い心とは？
3．苦しみがそのまま喜びに転ずるとは？

といった、さらなる秘密が分かります。

詳しく知りたい方は、インターネットにアクセスして、以下のサイトからご登録ください。

http://buddhism.ne.jp/free.html

もっと深く知りたいのに、もしメール講座の受講が難しい場合は、下記へお電話いただいてもかまいません。スタッフが丁寧に応対いたします。

0800-100-1181（通話無料）

『生きる意味』問い合わせ窓口

受付時間：平日・午前９時〜午後６時
　　　　　土曜・午前９時〜12時

（仏教で諸行無常と教えられますように、これも永遠に続けられるわけではありません。予告なく終了する場合がありますので、今すぐご登録ください。）

《参考文献》

上里一郎(監修)岡本祐子(編)『成人期の危機と心理臨床』ゆまに書房、2005年
伊藤健太郎『男のための自分探し』1万年堂出版、2008年
伊藤健太郎(監修)太田寿(著)『マンガでわかる ブッダの生き方』1万年堂出版、2011年
飯田史彦『人生の価値』PHP文庫、2003年
飯田真/吉松和哉/町沢静夫(編)『中年期の心の危機』有斐閣、1986年
上田紀行『生きる意味』岩波新書、2005年
エッカーマン(著)山下肇(訳)『ゲーテとの対話』岩波文庫、1968年
江原啓之『人はなぜ生まれいかに生きるのか』ハート出版、2001年
大竹文雄/白石小百合/筒井義郎(編著)『日本の幸福度』日本評論社、2010年
春日武彦『老いへの不安』朝日新聞出版、2011年
金谷治(訳注)『新訂 孫子』ワイド版岩波文庫、2001年
神谷美恵子『生きがいについて』みすず書房、2004年
キャロル・グラハム(著)多田洋介(訳)『幸福の経済学』日本経済新聞出版社、2013年
シュテーケル(著)松井孝史(訳)『性の分析』三笠書房、1955年
正津勉『ビートルズ—世界をゆるがした少年たち』ブロンズ新社、1989年
高橋祥友『中年期とこころの危機』日本放送出版協会、2000年
高森顕徹(監修)明橋大二/伊藤健太郎(著)『なぜ生きる』1万年堂出版、2001年
ダニエル・J.レビンソン(著)南博(訳)『人生の四季』講談社、1980年
トマス・ネーゲル『コウモリであるとはどのようなことか』勁草書房、1989年
ナポレオン(著)アンドレ・マルロー(編)小宮正弘(訳)『ナポレオン自伝』朝日新聞社、2004年
バートランド・ラッセル(著)市井三郎(訳)『西洋哲学史』みすず書房、1970年
ベーコン(著)成田成寿(訳)「学問の発達」(福原麟太郎編『世界の名著』20〈ベーコン〉中央公論社、1970年)
マルクス・アウレーリウス(著)神谷美恵子(訳)『自省録』岩波書店、1982年
諸富祥彦『生きる意味』ベストセラーズ、2010年
ミハイ・チクセントミハイ(著)今村浩明(訳)『フロー体験 喜びの現象学』世界思想社、1996年
リック・ウォレン(著)尾山清仁(訳)『人生を導く5つの目的』パーパス・ドリブン・ジャパン、2004年

*62 H. G. Wells. *The Outline of History*. The Macmillan Company, 1921
*63 フレデリック・ルノワール(著)今枝由郎/富樫瓔子(訳)『仏教と西洋の出会い』トランスビュー、2010年
*64 同上
*65 同上
*66 同上
*67 水原舜爾『科学時代の仏教』大蔵出版、1984年
*68 カント(著)野田又夫(訳)「人倫の形而上学の基礎づけ」(『プロレゴーメナ 人倫の形而上学の基礎づけ』中央公論新社、2005年)
*69 トルストイ(著)米川和夫(訳)『人生論』角川文庫、1958年
*70 アリストテレス(著)高田三郎(訳)『ニコマコス倫理学』岩波文庫、1971年
*71 Alfred North Whitehead. *Process and Reality*. Simon and Schuster, 2010
*72 パスカル(著)松浪信三郎(訳注)『定本パンセ』講談社文庫、1971年
*73 アラン(著)神谷幹夫(訳)『アラン幸福論』岩波文庫、1998年
*74 ラッセル(著)安藤貞雄(訳)『ラッセル幸福論』岩波文庫、1991年
*75 ガルブレイス(著)鈴木哲太郎(訳)『ゆたかな社会 決定版』岩波現代文庫、2006年
*76 岸本英夫『死を見つめる心』講談社、1964年
*77 ヒルティ(著)草間平作/大和邦太郎(訳)『幸福論 第二部』岩波文庫、1962年
*78 前掲注27
*79 Karl Jaspers. *Way to Wisdom: An Introduction to Philosophy*. Translated by Ralph Manheim. Yale University Press, 1954
*80 上田閑照(編)『西田幾多郎随筆集』岩波文庫、1996年
*81 松野尾潮音「生活のなかの信仰4」(『中外日報』昭和38年8月6日)
*82 マルティン・ハイデッガー(著)細谷貞雄(訳)『存在と時間』ちくま学芸文庫、1994年

*30 前掲注28
*31 Robert Hughes, "Art: Prophet of Light." TIME. July 19, 1971
*32 前掲注25
*33 夏目漱石『硝子戸の中』岩波文庫、1963年
*34 諸富祥彦『人生に意味はあるか』講談社現代新書、2005年
*35 チェーホフ(著)米川正夫(訳)「六号室」(『コレクターズ版世界文学全集4 チェーホフ』日本ブック・クラブ、1971年)
*36 前掲注1
*37 夏目漱石『行人』岩波文庫、1970年
*38 前掲注1
*39 松下幸之助『道をひらく』PHP研究所、1968年
*40 マックス・ウェーバー(著)尾高邦雄(訳)『職業としての学問』岩波文庫、1936年
*41 夏目漱石『私の個人主義』講談社学術文庫、1978年
*42 夏目漱石『夢十夜 他二篇』岩波文庫、1986年
*43 前掲注33
*44 芥川龍之介『或阿呆の一生・侏儒の言葉』角川文庫、1969年
*45 同上
*46 太宰治『斜陽』角川文庫、1950年
*47 武者小路実篤『人生論』角川文庫、1955年
*48 五木寛之『人生の目的』幻冬舎文庫、2000年
*49 前掲注35
*50 カミュ(著)清水徹(訳)『シーシュポスの神話』新潮文庫、1969年
*51 シェイクスピア(著)三神勲(訳)『マクベス』角川文庫、1996年
*52 フロイト(著)中山元(訳)『幻想の未来/文化への不満』光文社古典新訳文庫、2007年
*53 A.アドラー(著)高尾利数(訳)『人生の意味の心理学』春秋社、1984年
*54 前掲注5
*55 M.チクセントミハイ(著)今村浩明(訳)『フロー体験 喜びの現象学』世界思想社、1996年
*56 フレデリック・ルノワール(著)今枝由郎(訳)『人類の宗教の歴史』トランスビュー、2012年
*57 ニーチェ(著)氷上英廣(訳)『ツァラトゥストラはこう言った』岩波文庫、1967年
*58 サルトル(著)松浪信三郎(訳)『存在と無』(サルトル全集)人文書院、1960年
*59 フィリッパ・フット(著)戸田省二郎(訳)「道徳的相対主義」(J.W.メイランド/M.クラウス編『相対主義の可能性』産業図書、1989年)
*60 トマス・ネーゲル(著)岡本裕一朗/若松良樹(訳)『哲学ってどんなこと?』昭和堂、1993年
*61 フリードリッヒ・ヴィルヘルム・ニーチェ(著)適菜収(訳)『キリスト教は邪教です!』講談社+α新書、2005年

《引用文献》

*1 ジェリー・メイヤー/ジョン・P.ホームズ(編)ディスカヴァー21編集部(訳)『アインシュタイン150の言葉』ディスカヴァー・トゥエンティワン、1997年
*2 池田香代子(再話)C.ダグラス・ラミス(対訳)『世界がもし100人の村だったら』マガジンハウス、2001年
*3 ロバート・キヨサキ/シャロン・レクター(著)白根美保子(訳)『金持ち父さんの子供はみんな天才』筑摩書房、2002年
*4 本田健『普通の人がこうして億万長者になった』講談社、2004年
*5 ヴィクトール・E.フランクル(著)諸富祥彦(監訳)上嶋洋一/松岡世利子(訳)『〈生きる意味〉を求めて』春秋社、1999年
*6 ジグムント・バウマン(著)高橋良輔/開内文乃(訳)『幸福論』作品社、2009年
*7 モーム(著)行方昭夫(訳)『人間の絆』岩波文庫、2001年
*8 ショーペンハウアー(著)橋本文夫(訳)『幸福について』新潮文庫、1973年
*9 ニーチェ(著)佐藤通次(訳)『ツァラトゥストラはかく語りき』角川文庫、1970年
*10 セネカ(著)茂手木元蔵(訳)『人生の短さについて 他二篇』岩波文庫、1980年
*11 飯田史彦『[完全版]生きがいの創造』PHP文庫、2012年
*12 森村誠一/堀田力『60歳からの「生きる意味」』PHP研究所、2006年
*13 ゲーテ(著)竹山道雄(訳)『若きウェルテルの悩み』岩波文庫、1978年
*14 伊藤健太郎『男のための自分探し』1万年堂出版、2008年
*15 シェイクスピア(著)福田恒存(訳)『夏の夜の夢・あらし』新潮文庫、1971年
*16 ボーヴォワール(著)中嶋公子/加藤康子(監訳)『第二の性』新潮社、1997年
*17 諸富祥彦『生きがい発見の心理学』新潮社、2004年
*18 同上
*19 Nicholas Brasch. *Leonardo Da Vinci: The Greatest Inventor.* Powerkids Press, 2013
*20 ビューレント・アータレイ/キース・ワムズリー(著)藤井留美(訳)『ダ・ヴィンチ 芸術と科学の生涯』日経ナショナルジオグラフィック社、2009年
*21 David Brewster. *Memoirs of the life, writings, and discoveries of Sir Isaac Newton.* Thomas Constable and Co., 1855
*22 ウィリアム・ジェイムズ(著)桝田啓三郎(訳)『宗教的経験の諸相』岩波文庫、1969年
*23 セオドア・ゼルディン(著)森内薫(訳)『悩む人間の物語』日本放送出版協会、1999年
*24 デヴィッド・プリチャード/アラン・ライソート(著)加藤律子(訳)『ビートルズ オーラル・ヒストリー』バーン・コーポレーション、1999年
*25 アリアーナ・S.ハフィントン(著)高橋早苗(訳)『ピカソ 偽りの伝説』草思社、1991年
*26 村上春樹『回転木馬のデッド・ヒート』講談社文庫、1988年
*27 ショーペンハウアー(著)西尾幹二(訳)『意志と表象としての世界』中央公論新社、2004年
*28 シモーヌ・ド・ボーヴォワール(著)朝吹三吉(訳)『老い』人文書院、1972年
*29 エミール・ルードウィッヒ(著)金澤誠(訳)『ナポレオン伝』創元社、1961年

〈著者略歴〉

長南 瑞生（おさなみ　みずき）

昭和51年、千葉県生まれ。東京大学教養学部卒業。
大学では量子統計力学を学ぶ。
平成20年から「本当の生きる意味を最短最速で知る21のステップ」というメール講座を始め、現在、読者は２万人を超える。
平成23年に開設したウェブ通信講座「仏教通信コース」は、高校生から経営者まで、多くの受講者を有する。

この本には書き切れなかった、もっと深い内容を学べる無料のメール講座をご用意しました。以下のサイトからご登録ください。http://buddhism.ne.jp/free.html
もっと深く知りたいのに、もしメール講座の受講が難しい場合は、下記へお電話いただいてもかまいません。スタッフが丁寧に応対いたします。

0800-100-1181（通話無料）
『生きる意味』問い合わせ窓口
受付時間：平日・午前９時～午後６時　土曜・午前９時～12時

生きる意味 109　後悔のない人生のための 世界の偉人、天才、普通人からのメッセージ

平成26年(2014) ９月20日　第１刷発行

著　者　長南 瑞生
発行所　株式会社　１万年堂出版
〒101-0052　東京都千代田区神田小川町2-4-5F
電話　03-3518-2126
FAX　03-3518-2127
http://www.10000nen.com/

公式メールマガジン「大切な忘れ物を届けに来ました★１万年堂通信」
上記URLから登録受付中

装幀・デザイン　遠藤 和美
印刷所　凸版印刷株式会社

ISBN978-4-925253-79-6 C0095

人生の目的を達成した時、一切の苦労は報われる！

なぜ生きる

高森顕徹 監修

明橋大二（精神科医）・伊藤健太郎（哲学者）著

主な内容

●こんな毎日のくり返しに、どんな意味があるのだろう

●幸せなのは夢を追う過程
達成すると色あせる「目標」

●苦しみの新しい間を楽しみといい、
楽しみの古くなったのを苦しみという

●人生を暗くする元凶は何か——正しい診断が急務

・この坂を越えたなら、幸せが待っているのか？

・人生がよろこびに輝いていたのなら、
ダイアナ妃の、自殺未遂五回はなぜだった？

◎定価 本体1,500円+税
四六判 上製　372ページ
ISBN4-925253-01-8

80万部突破のロングセラー

生きる目的がハッキリすれば、勉強も仕事も健康管理もこのためだ、とすべての行為が意味を持ち、心から充実した人生になるでしょう。病気がつらくても、人間関係に落ち込んでも、競争に敗れても、「大目的を果たすため、乗り越えなければ！」と〝生きる力〟が湧いてくるのです。（本文より）

読者からのメッセージ

長男から父親である私に、「お父さんはなぜ生きているの？」「生きる意味ってなに？」と、手紙の中で問いかけられました。「ボクを助けてください」って……。
長男に問われた答えを探すべく、この本に出会いました。生きることについて、さまざまな視点から読ませていただいております。

（東京都　41歳・男性）

死にたい。生きる必要がない。ずーっと死にたいって思ってて、親に「これ読んだら？」と言われて読んだら、すっごく感動した。涙が止まらなくなりました。

（東京都　14歳・女子）

私は、くよくよ生きておりました。『なぜ生きる』を読んで、大きな気持ちになって生きる力がわいてきました。

（福島県　67歳・女性）

●**診断——苦悩の根元は「無明の闇」**
煩悩と格闘された、若き日の親鸞聖人

●**無明の闇とは「死後どうなるか分からない心」**
・百パーセント墜ちる飛行機に乗るものはいないが、私たちはそんな飛行機に乗っている
・「末期ガンです。長くて一カ月」その人は、「死後どうなるか」だけが大問題となった
・「死んだらどうなるか」
何かでごまかさなくては生きていけない不安だ。しかし、ごまかしはつづかない

●**「悪人」とは人間の代名詞——「悪人正機」とは**

●**欲望のなくなったのが一番の幸せなら、石や屍が一番幸福ということになる**

●**『歎異抄』と人生の目的**
〝すべての人を　見捨てられない幸福（摂取不捨の利益）にせずにはおかぬ〟弥陀の誓願

●**不自由の中に　自在の自由を満喫する「無碍の一道」**